古代歷史文化研究輯刊

十七編

王明蓀 主編

第 10 冊

宋朝兒童收養

洪倖珠 著

國家圖書館出版品預行編目資料

宋朝兒童收養／洪倖珠 著 — 初版 — 新北市：花木蘭文化出
版社，2017〔民106〕
目 2｜160 面：19×26 公分
（古代歷史文化研究輯刊 十七編：第 10 冊）
ISBN 978-986-404-950-9（精裝）
1. 收養 2. 兒童 3. 宋代
618   106001384

ISBN-978-986-404-950-9

9 789864 049509

古代歷史文化研究輯刊
十七編　第 十 冊　　　　　　ISBN：978-986-404-950-9

宋朝兒童收養

作　　　者	洪倖珠
主　　　編	王明蓀
總 編 輯	杜潔祥
副總編輯	楊嘉樂
編　　　輯	許郁翎、王筑　美術編輯　陳逸婷
出　　　版	花木蘭文化出版社
社　　　長	高小娟
聯絡地址	235 新北市中和區中安街七二號十三樓
	電話：02-2923-1455／傳真：02-2923-1452
網　　　址	http://www.huamulan.tw 信箱 hml810518@gmail.com
印　　　刷	普羅文化出版廣告事業
初　　　版	2017 年 3 月
全書字數	126829 字
定　　　價	十七編 34 冊（精裝）台幣 68,000 元

宋朝兒童收養

洪倖珠 著

作者簡介

　　洪倖珠，出生於高雄，小時候生活在臺南、嘉義邊界鄉下地區，長大後回到高雄生活，是土生土長的南部小孩。畢業於國立中正大學歷史系、歷史所，

　　論文指導教授為楊宇勛教授，此篇論文能夠付梓印刷也非常感謝指導教授的推薦和花木蘭文化出版社的協助。作者目前任教於臺南市立南寧高級中學，教授歷史科，望能透過歷史講授，讓學生體會人類過去活動的軌跡，歷史是過去、是現在，也是未來。

提　　要

　　宋朝兒童收養，討論包含宋朝法律、荒政以及因職業需求收養兒童的情形。除追溯兒童收養起源外，就北宋到南宋的收養法律變化作探討，荒政中的兒童收養以及特殊兒童收養。

　　首先討論宋朝從北宋到南宋期間的收養法律，北宋法律主要承襲隋唐五代的律法，至北宋哲宗時期開始奠基兒童收養機構設置的法律，徽宗時期擴大收養機構的設置以及收養的年齡，南宋設置專門兒童收養機構的律法以及兒童收養的專門流程與施行細則。

　　第二，討論宋朝養子與養家的責任與義務，身為收養家有義務為養子女提供姓氏、財產繼承以及相關的生活所需。養子女具有孝養長輩及承繼宗祧的責任，而實際掌握雙方擬制血親關係的主導權在養父母手中。

　　第三部分討論宋朝荒政中兒童收養的情形，包含綜合收養機構的設置、專門兒童收養機構的設置、而專門兒童收養機構的設置也成為宋朝兒童收養的最大特色之一。並且討論一般士人、婦女及寺觀在兒童收養中所提供的幫助。最後部分討論特殊情況的收養，包含皇宮中宦官與宮女的收養，以及因職業需求而收養兒童的情況。呈現出宋朝兒童收養承上啟下的關鍵性特色。

目次

緒　論

一、研究動機

　　如果回想有關宋朝兒童的印象，會發現多是附屬於有名父母下的小孩，天資如何的聰穎，幾歲就會閱讀困難的儒家經典，甚至在他們的文人行狀、墓誌銘中提到幼年喪父、由母親含辛茹苦的將其扶養成人，長大後，爲避免此情形出現，便興辦宗族的照料單位，制訂相關的照護辦法，以期能夠達到敬宗、收族。此外，若是無父亦無母的小孩、他們或由親戚收養，或由政府成立的慈幼機構收養，或由大戶人家收養，更有藉由寺院、道觀等宗教團體的照護長大成人，這些兒童的生長過程如何？在這些印象中，大部分的畫面會是一片空白，或者僅是模糊的影像。

　　宋代兒童的收養，多數研究集中於承繼宗祧研究方面，以「命繼」、「立繼」、養子財產分配以及養女的財產繼承問題的研究，前輩學者的研究已接近完善的呈現出宋朝對於養子、養女繼承法的實際情形。此外，有關於收養的研究是集中在荒政中兒童保護的研究，災荒導致大量的孤兒出現，在這種情形下，如何達到國家「保護生命」的目的，也是宋朝兒童被收養另外一個研究取向，在這方面的研究多半集中在官方所成立的官方收養單位、政府呼籲民眾對於災民、流民中小孩的臨時性照護、以及對於「不舉子」（各種原因殺嬰的情形）進行助養的情形所做的研究。

　　綜上所述，可發現關切兒童收養問題的兩大研究主題，一爲以法律的角度出發，針對收養法律的探討，在法制史下的研究，這方面的專著主要以法律爲出發點，旁佐相關史實、文集、判案文章中的案例，以此探討出收養法

在當時代的演變趨勢以及實際狀況。二爲在荒政方面，主要以統治者的角度去觀看社會中孤苦無依的孤兒，如何使其不成爲國家的災難之外，也藉由此一行爲，展示國家對人民的「照顧」。

但關於宋朝兒童收養的整體性研究，目前並沒有較系統性的專著出現。然而，兒童收養除前述提到的宗祧繼承及荒政研究之外，還有關於臨時性的收養、大辟罪人的小孩收養，除了官方收養單位之外，也有私人收養的情形、甚至官方爲保護生命所提出助養，希冀以此達到國家保護新生生命的目的。前輩學者在這些方面都有一些相關的論文產生，在法制史中有關養子法、戶絕財產繼承方面的研究，已經有相當系統性的成果，而在荒政方面的研究，有關於兒童收養的研究，主要是集中在災荒救濟中的篇幅會提到相關的情形。

本篇論文主要是透過對於宋朝兒童收養的整體性研究，對於宋朝當時兒童如何會被收養？被收養的過程是如何？政府面對兒童時被拋棄時如何去實施相關的應對措施？以及有關於兒童收養在法律上面的合法性、何種情形屬於違法？收養後的照護情形？這些問題都是本篇論文所形成的目的之一，希望能夠透過相關的史料、文本、以及前輩學者對於這方面的研究，描繪出有關於宋朝兒童收養的畫面，使這些有關於宋朝兒童的圖像能夠更爲清晰的呈現出來。

二、研究回顧

有關宋朝整體兒童收養的全面性論著並不多，大多就災荒、法律或慈幼單一方面的研究。而這些文章集中在荒政研究、養子法問題這兩方面的研究，以下就研究分述之。

（一）宋朝養子問題的法律研究

因爲宋朝法律，多承襲唐朝，參考劉俊文《唐律疏議箋解》、戴炎輝《唐律各論》、錢大群《唐律疏義新注》中的養子法律相關條目，較貼近當時候法律所實際上規定的情形。而在李淑媛《爭財競產——唐宋的家產與法律》一書中提到有關於養子之財產權，以及遺囑財產繼承權、戶絕財產繼承法、婦女財產繼承權之問題的篇章中，對於宋代養子的財產繼承應繼份、同宗中「立繼子」、「命繼子」，以及「養子」、「養女」等財產分配有相關程度的介紹。〔註1〕另外王德毅〈家庭倫理與親子關係〉中提到立繼、命繼都是爲了

〔註1〕 李淑媛，《爭財競產——唐宋的家產與法律》，頁75～231。

繼承家族「血緣關係」、而異性收養則爲了維護養家的利益以及考慮到人性而有法律相關額外規定。〔註2〕蔣義斌〈《名公書判清明集》中立繼與繼絕的判例〉中以異性收養爲「繼絕存亡」的傳統價值提出收養的目的，以及相關的法律手續「除附」才能完成異性收養的方式，並且透過對於傳統的認知，分別出同姓收養與異姓收養的不同。〔註3〕柳立言〈養兒防老——宋代的法律家庭與社會〉一文中，認爲宋代養兒育女重要目的除繼承宗祧和家業外，就是生養死葬，對於父母和子女間的供養關係提出看法，包含收養小兒後與父母之間的關係、供養以及財產應繼份討論。〔註4〕另柳氏在其專著《宋元時代的法律思想與社會》、《宋代的家庭與法律》書中也針對上篇論文所提出的部分有部分的討論。屈超立〈宋代兒童收養制度研究〉中針對宋朝收養他人子女爲自己子女的法律擬制關係，就收養者、被收養者之條件以及收養成立的要件有所討論，也提出關於宋朝收養法令的幾點注意事項。臧健〈收養：一個不可忽略的人口與社會問題——宋元民間收養習俗異同初探〉探討著墨在宋、元社會生活中對於人們對於收養的看法與作法，以及探討收養習俗存在的特點，對當時代生活的影響〔註5〕。熊秉眞〈誰人之子——中國家庭與歷史脈絡中的兒童定位問題〉對於近世中國家庭對於兒童照養的責任歸屬，以及家族之外，各種對於兒童的照護，透過史料呈現出一定的輪廓。〔註6〕另外在熊氏的專著中包含《幼幼——傳統中國的襁褓之道》以及《童年憶往——中國孩子的歷史》書中對於了解宋代兒童的面貌提供思考面向。另外日本有高橋芳郎《宋代中國的法制と社會》書中第九章對於宋朝女子與命繼子，以及戶絕的情形透過《名公書判清明集》進行問題式思考、繼子的出現情形探討。〔註7〕滋賀秀三《中國家族法原理》對於異性不養與中國家族的傳統理念之關係、如何收養同宗的「過繼子」以及相關的繼承規定有所介紹。

〔註2〕王德毅，〈家庭倫理與親子關係〉，出自《宋代社會與法律——《名公書判清明集》討論》，頁9～23。

〔註3〕蔣義斌，〈《名公書判清明集》中立繼與繼絕的判例〉，《宋代社會與法律——《名公書判清明集》討論》，頁25～46。

〔註4〕柳立言，〈養兒防老——宋代的法律、家庭與社會〉，《中國家庭及其倫理研討會論文集》，頁85～117。

〔註5〕臧健，〈收養：一個不可忽略的人口語社會問題——宋元民間收養習俗異同初探〉，《10～13世紀中國文化的碰撞與融合》，頁223～252。

〔註6〕熊秉眞，〈誰人之子——中國家庭與歷史脈絡中的兒童定位問題〉，《中國家庭及其倫理研討會論文集》，頁259～294。

〔註7〕高橋芳郎，《宋代中國的法制と社會》，頁249～270。

〔註8〕川村康〈宋代における養子法──判語を主たる史料として〉（上、下）。

〔註9〕是有關於宋代的養子法包含養子的目的、同宗養子、異性養子、養女等部分，對於正常時期下的養子和養女的法律規定有較清晰的描述。刑鐵，《唐宋分家制度》分成上中下篇，上篇敘述親生子分產之後，包含如何分產、分家文書的格式，探討以及分家之後，所帶來的家庭關係改變做討論，中篇針對女子繼承家產的情，包含家中有子的嫁妝間接繼承，以及家中無子嗣的女子如何繼承財產？並且爲家中延續收養嗣子。下篇則是針對養子繼承戶探討養子的選擇範圍、立繼的手續文書格式，以及立繼後其財產繼承權的份額。更針對遺囑中立嗣以及遺囑文書的格式、手續遺囑的履行等深入討論，也包含養子析戶的部分。〔註10〕另外有關於其他的論著，多半和戶絕財產有關的研究論著，在此就不多敘述。

（二）災荒研究中的兒童收養

關於災荒中對於兒童收養的研究，有王德毅《宋代災荒救濟政策》一書關於慈幼的部分，對於鬻子贖身、胎養、生育補助以及災荒中兒童收養的情形和官方設置收養機構的收容設施都有大略性的介紹。〔註11〕梁其姿在《施善與教化──明清的慈善組織》對於育嬰堂、善堂的介紹，包含部分宋朝在此方面的慈善活動，有助於了解宋代在這一類慈善活動中。黃敏枝〈宋代婦女的另一側面──關於宋代的比丘尼〉一文中針對宋代比丘尼的研究，提出若將女嬰送尼寺收養，能夠減緩不舉子當中溺女嬰的情況，也使得遺棄女嬰能夠有收容之處，算是一種較好的安排，依其研究認爲宋朝得到度牒的比丘尼，約在三萬到四萬之間，且不含沙彌尼，通過年齡限制出家，並取得度牒以系帳，正式爲尼寺所收養的年齡，由眞宗咸平四年（1001）爲十歲，仁宗天聖八年（1030）爲十五歲，南宋寧宗嘉泰二年（1202）爲十四歲，但實際上因無兵役和徭役問題，只要家人同意即可出家。〔註12〕黃敏枝也於《宋代佛教社會經濟史論集》書中對佛教在公益事業貢獻之研究，其中包含在慈幼

〔註8〕 滋賀秀三，《中國家族法原理》，頁23～40、88～104、311～334。

〔註9〕 川村康，〈宋代における養子法──判語を主たる史料として〉（上、下），《早稻田法學》，1988：1，頁1～55；1989：2，頁1～138。

〔註10〕刑鐵，《唐宋分家制度》，頁114～172。

〔註11〕王德毅，《宋代災荒救濟政策》，頁101～120。

〔註12〕黃敏枝，〈宋代婦女的另一側面──關於宋代的比丘尼〉，收入《唐宋女性與社會》，頁567～655。

方面的濟助、如何協助收養兒童之慈幼事業，以及收養的情況。〔註13〕張
文《宋代社會救濟研究》對於收養貧、病弱勢群體的機構做介紹，其中包含
對兒童收養，混合收養單位做介紹，另外針對救濟嬰兒的目的，分成預防性
救濟、事後補救性救濟、輔助性救濟等三方面進行探討〔註14〕。另外張文
《宋代民間慈善活動研究》探討婦女幼兒的收養以及育嬰堂、育嬰社的出現
是爲了救濟棄嬰孤兒，本書主要是透過民間婦女因爲好佛及善心，對於大眾
貧苦的人們進行的慈善活動，其中包含了對兒童臨時性收養以及照護行爲。
〔註15〕另外楊宇勛《取民與養民——南宋的財政收支與官民互動》在有關慈
幼的章節中，對養子、戰亂孤兒收容的情形、官方機構對於收養小兒的照顧
規定及照護，有相關的探討。〔註16〕郭文佳《宋代社會保障研究》一書對
於居養院、養濟院、嬰兒局、慈幼局、慈幼莊等機構，大體的介紹，並對這
些機構如何收養兒童的方法，以及收養後如何扶養照護，有所介紹〔註17〕。

（三）其他收養相關研究

　　其他類型的兒童收養文章包含宦官、宮女是被宮廷收養，以及職業收養
等相關的論文。如閻月嶺，〈中國古代宦官探究〉一文分析宦官進入宮廷的原
因有六類，包含犯罪、求生、改朝換代被施宮刑、特殊目的、前朝宦官、世
代爲宦官者。而這些宦官多在年幼時便入皇宮內培訓，實際上爲皇宮所收養。
〔註18〕戴建國〈主僕名分「與宋代奴婢的法律地位」——唐宋變革時期階級
結構研究之一〉〔註19〕論及宋朝官奴婢，其中包含幼年因家中長輩犯謀逆罪，
被貶爲官奴婢經官府設籍處理。配合姜維公、姜維東，〈唐代宮女述略〉一文
中，唐朝宮女入宮的途徑、討論宋朝宮女入宮的類型，包含採擇、徵求、犯
罪入宮、進貢女口等原因，而與兒童收養相關的幼年宮女收養，也在其中可
見一斑。〔註20〕武舟《中國妓女文化史》中討論女伎被收養的方法，包含被

〔註13〕黃敏枝，《宋代佛教社會經濟使論集》，頁422～428。
〔註14〕張文，《宋代社會救濟研究》，頁161～195、200～222。
〔註15〕張文，《宋代民間慈善活動研究》，頁253～271。
〔註16〕楊宇勛，《取民與養民——南宋的財政收支與官民互動》，頁424～436。
〔註17〕郭文佳，《宋代社會保障研究》，頁169～180。
〔註18〕閻月嶺，〈中國古代宦官探究〉，《河南省政法管理幹部學院學報》，2002：6，頁121～122。
〔註19〕戴建國，〈主僕名分「與宋代奴婢的法律地位」——唐宋變革時期階級結構研究之一〉，《歷史研究》，2004：4，頁55～73。
〔註20〕姜維公、姜維東，〈唐代宮女述略〉，《唐宋史研究》，2010：3，頁57～63。

略賣、家道中落、貪慕富貴、被拐騙、世代娼籍等原因，論及職業女伎兒童收養的情況。〔註21〕沈宗憲的博論《國家祀典與左道妖異》討論到洪州因巫術盛行，爲延續巫術的傳承，而有收養嬰兒傳習巫術的情況。〔註22〕另外，楊磊〈從古代養子制度看中日「家」觀念的差異〉一文中討論中國和日本對於收養養子觀念的差異，中國以承繼血緣爲主，而日本則是以繼承社會地位和家業重點延續，這和中國的承繼方式有所不同。因此本文和職業兒童收養，有密切的關係。〔註23〕

三、研究方法及相關資料

　　針對宋朝兒童收養的程序、收養內容、養護辦法、法律要件等等，利用史料中相關的敘述，進行探討，並且針對整體性兒童收養的情形做較爲全面性的描述，在方法上利用統計、表格以及圖形的方式呈現出宋朝整體對於兒童收養內容的改變以及越到後期所出現不同的救助和改善方式。

　　利用法律相關的文件，如《宋刑統》、《天聖令》、《宋大詔令集》、《慶元條法事類》等相關的法律文件以及《名公書判清明集》中的案例、《宋會要輯稿》和相關的官箴等，建構出有關於兒童收養法律的面向。

　　從中觀察從北宋到南宋對於宋代兒童收養法的改變。除此之外，也從這些方面看出宋朝對於兒童的養護，除包含一般情形下，維護「宗祧繼承」的法律、對於養家的保護和對於養家的善意所給予的保障，另外還有針對非承平時期，戰亂孤兒的照護、更甚者對於犯罪者的家人，基於家中勞動力因犯罪行爲而不能工作，對於無法自立更生的孤幼，政府所給予的保護，以及發生災荒時，政府面對棄兒、孤兒的養護，可從中看出宋朝政府在「養育生命」全面向的政策以及宋代在兒童收養這一塊地方上面有別於前代與明清的「特殊性」。

　　另外就社會大眾、官方機構、官員和富室等對宋朝兒童收養的情形，包含收養、照護、臨時收養等情形。透過《宋史》、相關文集、墓誌銘、地方志，也援引《清明集》中的案例或者筆記小說中的故事。從中主要是針對非官方機構以及附屬機構對於兒童照料的情形。

〔註21〕武舟，《中國妓女文化史》，頁207。
〔註22〕沈宗憲，《國家祀典與左道妖異》，頁111。
〔註23〕楊磊，〈從古代養子制度看中日「家」觀念的差異〉，《求索》，2010：7，頁239～242。

　　目前蒐羅的史料有關於相關法律以及政府相關文書的文件大約有一百多條史料，而其他關於判例以及文集相關史料也有近百條，希望透過這些資料能夠更爲貼近的反映出宋朝兒童在收養方面的情形。

四、兒童之定義與論文架構

　　宋朝兒童收養的定義，在收養法律中有三歲〔註24〕、七歲〔註25〕、十歲〔註26〕以及十五歲等不同年齡的規定，而在宋代的兒童法律定義中，居養法對孤兒的照護規定是「長立十五歲，聽從便。」（《會要》食貨59／8），所以在此，不妨做大範圍的擴張，將宋朝兒童的定義擴大到十五歲以下，都認定爲需照護的情形。至於收養的定義，只要是沒有直系血親血緣關係的親子關係，透過法定方式的收養程序形成的收養，或非經官方認可的養護行爲、臨時性收養，都是本篇的討論範圍。論文的章節處理是透過不同的時機點所產生的收養行爲做探討。

　　論文要旨以宋朝兒童收養主題，進行較爲全面性的探討，主要章節是除前言和結論之外，主要有四章。前言是針對研究動機、研究回顧以及主要文獻的探討和相關論著的介紹，章節結構簡要分析，釐清宋朝兒童年齡定義。

　　傳統研究的敘事的視角，是以官方爲出發點，然而此篇論文選擇的視角，採取兩個方向，一個平鋪直敘的角度，提供客觀觀點，另一個視角是兒童觀點，被收養的宋朝兒童，如何面對收養帶來的種種問題。

　　第一章先了解對宋朝兒童收養基礎的律、令、官方文書，以律文說明宋代養子法的內容，作爲後續開展。第二部份介紹宋朝的收養法規特殊性，與前朝有何不同？它們爲後朝開啓了那些先例？並透過法律的變化，唐末、五代、北宋到南宋收養法規的變化。

　　第二章第一部份針對絕嗣、戶絕收養，包含收養和被收養者條件。抱養、立繼、命繼等區別，列舉各家對於此方面研究異同，透過兒童視角，在面對

〔註24〕〔宋〕竇儀《宋刑統》，卷12，〈戶婚律・養子立嫡門〉：「異姓男者，徒一年，與者笞五十。其遺棄小兒年三歲以下，雖異姓，聽收養，即從其姓。」，頁193。

〔註25〕〔清〕徐松，《宋會要輯稿》，食貨59／42，乾道元年七月，改爲止許七歲以下收養。

〔註26〕〔清〕徐松，《宋會要輯稿》，食貨59／42。乾道元年三月，「民間頗有遺棄小兒，足食之家願得收養，正緣於法，只許收養三歲以下。緣此三歲以上者，人皆不敢，乞朝廷指揮，權於今年許令自十歲以下聽人家收養，將來不許識認，從之。」

不同的收養方式，產生的應對方式。第二、第三部分探討收養後雙方當事人所產生權利、義務關係，承繼宗祧、父母對收養子女的扶養責任、子女應孝順養父母的義務，以及官方為維繫雙方的法定關係所訂立的辦法，在何種情形下，可以排除違法行為。配合相關的案例解說，判官實際操作時的例外情形，以及造成此種意外的考量。

第三章第一部份就災荒發生時，政府為維繫兒童生命，對於遺棄小兒的收養、照護情形，以政府所成立的官設收養機構為中心，兒童在官設收養場所的待遇、被照護情形。第二部份透過個人對於遺棄小兒臨時性的照護，暫時填補失去父母的時期，提供臨時庇護，待災荒結束後，父母領回小孩，再回復原本的親子關係。探討個人慈善收養。第三部分針對當政府能力不足時，呼籲民間百姓、相關的役人提供兒童收養的人力、安置機構，這些設施，是具有官方督導的民間收養，屬半官方的收養，有別於單純的個人或官方收養，故另外討論。第四部分係針對宋朝面對戰爭時，額外開放的收養情形，其特殊性在戰爭之影響下，導致遺棄小兒大量出現，政府面對此一問題所做的應變措施。

第四章是對於特殊收養情形的探討，第一部分主要是針對宮廷內部的收養行為，首先是內侍收養。官方針對內侍為宮廷服務所做的犧牲，無法擁有自己子嗣承繼宗祧的情況，特許其擁有養子，然而這些養子有別於一般養子收養，在收養方面有較一般收養放寬或更嚴格的部分。其次，針對宮廷內部宮女收養，其收養有其特殊性，但礙於資料不多，僅提出做參考，第二部份針對特殊的職業，須從小培養專業技能，收養兒童變成是一種投資，使其將來成為賺錢的工具，例如收養為伎，宋朝是一個庶民文化發達的社會，各項娛樂事業也非常發達，妓女透過從小培養，累積其職業技能，以期獲得更大效益。賣藝路歧人更是透過展現自己的特殊技能，從觀眾處獲取利益。這些都須從小收養培養訓練。宋朝在人力資源契約化的趨勢下，富戶會經由收養奴婢，以期獲得較為便宜的人力資源。又因男女比例的差異，也有從小收養童養媳的情況。

結論部分，就各章節重新整合，並對前述研究做簡略性的說明和介紹，歸納研究內容的心得，針對各個探討議題提出看法，透過宋代兒童收養情形、收養後的照料的了解，較清晰地描繪出宋朝政府在「生命保護」方面的用心、以及維繫家族血緣社會的維護。這樣能對宋朝兒童收養之相關領域研究有所幫助。

茲細分章節如下：

緒論

　　一、研究動機

　　二、研究回顧

　　三、研究方法與資料

　　四、定義與架構

第一章　法定程序——宋朝兒童收養相關法律

　　一、北宋初期到中期的收養法律

　　二、徽宗朝收養相關法律

　　三、南宋收養法律

第二章　除籍附戶——絕嗣與戶絕下的收養

　　一、承繼宗祧：抱養、立繼與命繼

　　二、收養撫育：養家對養子的責任

　　三、養子之義：養子對養家的義務

第三章　天災人禍——災荒與戰爭下的收養

　　一、官設收養機構

　　二、官方督辦收養

　　三、個人慈善收養

　　四、寺、觀收養

第四章　特殊收養

　　一、內侍、宮女收養

　　二、特殊職業收養

結論

第一章 法定程序——宋朝兒童收養相關收養法律

　　宋朝相關的收養法源於唐律，宋初編纂《宋刑統》承襲唐律收養法，法令內容大致與唐律相同，但後續補充的令文、編敕，符合宋朝特殊時空背景調整律令外，更增加部分專屬宋朝的收養法令，呈現出宋朝不同於前代的收養法律，包含同宗昭穆相當的收養與異姓收養延續及變化。徽宗朝擴大異姓收養範圍，由政府單位設置收養場所，提供長期收養和臨時收養。南宋延續徽宗朝時的收養法律，並針對國家實際情況的不同，收養法律的規範有所變化，以下針對宋朝收養法律的變化作探討。

第一節　北宋初期到中期的收養法律

一、承平時期收養法律

　　宋初收養法源於唐律，《宋刑統》〈戶婚律‧養子立嫡〉條，承襲《唐律》卷十二〈戶婚律‧養子捨去〉條，將唐律中有關於收養的法律，包含「養子捨去」條、「立嫡違法」及「養雜戶為子孫」整併為「養子立嫡」條：

> 諸養子，所養父母無子而捨去者，徒二年。若自生子及本生無子欲還者，聽之。……《疏》諸養子，所養父母無子而捨去者，徒二年。若自生子及本生無子欲還者，聽之。《議》曰：〔依戶令，無子者聽養同宗於昭穆相當者。既蒙收養而輒捨去，徒二年。若所養父母自生子，及本生父母無子欲還本生者，並聽。即兩家並皆無子，去住亦任其情。若養處自生子，及雖無子

不願留養，欲遺還本生者，任其所養父母。〕〔註1〕

本條立法意旨在規定養子應負起的義務。規定養子不得拋棄養父母，若其養父母無了，但養子離開養父母，其罰則爲徒刑二年。但如養父母在收養養子之後，自生子或者養子的本生家庭出現無子繼承的狀況，若有以上兩種情形，聽任養子離開養父母或者歸宗本生家庭。收養行爲的出現是爲延續宗祧繼承而出現的輔助方式，古代強調血統的純正性，收養子孫必須符合「同宗昭穆相當」，即須於家族中與子嗣輩分相當。宋朝延續唐朝此規定，在「養子立嫡」條中，設置須符合「同宗昭穆相當」的規定。依《宋刑統》中記載唐代戶令：「無子者聽養同宗於昭穆相當者。」〔註2〕同宗是強調血統純正性，透過同宗收養，用以繼承該支血緣系統，家族中若有符合條件者，必須以輩分相當的子孫爲收養第一順位。收養須透過「除籍附戶」手續，將養子從原生家庭中的戶口除籍，附戶在養家的戶籍簿上，才算完成整個收養的程序。

收養同宗昭穆相當的養子，親子關係經官方認可後，不得隨意的拋棄已建立之親子關係。根據條文眞正掌握親子關係延續主導權者爲養父母，養父母可通過舉證養子不孝，或有其他事由，造成雙方無法繼續生活，經舉證核實後，可申請除去親子關係。反之，如果養子無理由卻想脫離養家，則處以徒刑兩年。除非養子家中出現以下兩種狀況。第一，收養家自生子。第二，養子的本生家庭突然失去可繼承宗祧的繼承人。在這兩個前提下，養子可自行決定留在養家或回本生家庭繼嗣。

同宗昭穆相當族內收養，設立嫡子爲繼承人，延續該支系的繼承，是中國家族持久延續的一種輔助方式。根據程維榮在《中國繼承制度史》總和各朝代中歸納基礎立嗣條件，係指族內收養需符合以下的條件，第一，家無繼承宗祧的子孫始得立嗣；第二，立嗣必須選本宗昭穆相當者，第三，有權力確認嗣子的人包含被繼承人、被繼承人之妻子，被繼承人之父母、祖父母，以及家族中的長老。第四，立嗣不應該捨近求遠，有近親要先選擇近親，以血緣的親等遠近作爲收養的順序，第五，獨子不得出繼，不能爲承繼他家之宗祧而使得本家無後。第六，幼年夭亡不得立嗣，未婚而亡及未成年者，不得立嗣。第七，如果其子未亡而需要立嗣，而其父又無其他的子孫，則需要先爲其父立嗣。第八，一人不得同時爲兩家的嗣子，除非在過繼前已確立爲

〔註1〕 〔宋〕竇儀，《宋刑統》，卷12，〈戶婚律·養子立嫡門〉，頁192。
〔註2〕 〔宋〕竇儀，《宋刑統》，卷12，〈戶婚律·養子立嫡門〉，頁193。

兼祧。第十，爭立者不可立，收養關係在於雙方為共同意思表示下成立親子關係，若因爭立產生嫌隙，親子關係成立，也無法成為和睦家人。第十一，立嗣需得家族中人同意，蓋其涉及家族及宗族之延續，若不能使家族內人心服口服，日後易生事端。〔註3〕第十二，立嗣需到官府辦理手續，經過「除籍附戶」的官方戶籍轉換而確立親子關係。〔註4〕

以上屬於同宗同血緣收養限制，實際上立嗣收養的親屬關係，不一定符合上述要件，也有案例非透過官辦手續進行收養，判官在判別收養關係成立於否時，皆以符合「同宗昭穆相當」為第一要件規範，以確立收養關係合法。

宋朝初年延續前朝的典章制度，同宗收養方面大體延續古代以來收養同宗的規定，並無顯著不同。

異性收養的部分，據《宋刑統・戶婚律》「養子立嫡」條有關於收養異性的規範：

> 即養異姓男者，徒一年，與者笞五十。其遺棄小兒年三歲以下，雖異姓，聽收養，即從其姓。《議曰》：〔異姓之男，本非族類，違法收養，故徒一年。違法與者，得笞五十。養女者不坐。其小兒年三歲以下，本生父母遺棄，若不聽收養，即性命將絕，故雖異姓，仍聽收養，即從其姓。如是父母遺失，於後來識認，合還本生失兒之家，量酬乳哺之直。〕〔註5〕

《宋刑統》是宋太祖乾德元年（963）所編。立法意旨在限制異姓養男，針對收養異姓男童，避免紊亂血緣，設此專條。從條文中可知，收養異姓養女並不違法，係因女性血緣不會紊亂血緣純正性，收養異姓養男規定，須在三歲以下，且為「被遺棄小兒」的身分，此立法意旨在延續幼兒生命存續。基於遺棄小兒生命之存續的考量，阻卻違法收養異姓養男的規定，使異姓養男的收養可得法律認可，即從其養父母姓，直到本生父母前來認領後，可向本生父母索取收養期間養護費用。

異姓收養的立法意旨，為延續遺棄小兒之生命而設置，使異姓亦可收養，因此法律規定，凡本生父母前來識認，養父母須歸還已收養之子女。本生父母雖無過失，但養父母對於養子女的愛心照護，實難以用金錢等乳哺之值來彌補，然本條立法意旨是顧及被收養兒童的親族完整性，希望能夠讓原生家

〔註3〕此說法僅指命繼，由族中長輩開會，確定命繼人選。
〔註4〕程維榮，《中國繼承制度史》，程氏就其研究中國繼承制度針對收養養子的限制，歸納出十二條原則，頁72～75。
〔註5〕〔宋〕竇儀，《宋刑統》，卷12，〈戶婚律・養子立嫡門〉，頁193。

庭的父母和子女得以團聚。忽略收養家庭的情感因素，造成收養家庭對於收養異姓兒童卻步，導致災荒中大量被遺棄兒童無人收養，針對此一問題而有災荒特別法，它規定如果遺棄兒童是在災荒中被收養，本生父母不得要求養父母歸還已收養之遺棄兒童。此外，亦有收養姻親子孫做爲宗祧繼承的情形。

李淑媛在《爭財競產－唐宋的家庭與法律》書中提到異性收養，說明法規之限制可以追朔到漢代，她舉出在《三國志》〈蜀志・衛繼傳〉中提到禁止以異姓爲後，發現衛繼以異姓養男爲後，官方並不承認其親子關係，反則將其戶籍改正，不承認其收養異姓養男法律行爲成立。〔註6〕而劉俊文在《唐律疏義箋解》當中同時以《晉律》卷八十四〈殷仲堪傳〉中，提到的處罰收養異姓男的律法，〔註7〕據此推斷出至少唐代以前，就出現收養異姓男的懲罰條文。

李淑媛在書中認爲開放收養異姓男的規定，本於曹魏時期的「四孤論」，而四孤指的是遇到兵災被父母賣掉、被父母拋棄的孤兒、出生就沒有父母及緦麻以上親戚的孤兒，以及民間迷信認爲五月出生的小孩會帶來不幸而拋棄不舉的孤兒等。如果這四類的孤兒沒被人收養，即無法繼續存活，從曹魏開始，爲使遺棄小兒生命存續，便開啓了收養異姓男的先例。〔註8〕

最早將兒童收養於機構內照護，根據記載有南朝梁普通二年（521），梁武帝下達的一個詔令說；「凡民有單老孤稚不能自存，主者郡縣咸加收養，贍給衣食，每令周足，以終其身。又於京師置孤獨園，孤幼有歸，華髮不匱。〔註9〕」南朝梁開始出現收養孤幼，並設置了相關的收養單位，但這時收養的對象不分老幼，提供衣食的部分也無特別規定份量的多寡。

直到唐代設置相關律法規定收養異姓男，不符合要件的收養，則被視爲違法。一方面維護中國血緣構成的家族，一方面符應社會的變遷，在非承平時期或災害發生時期，爲保護國家未來的生產力及保護生命，放寬收養異姓男進入家族的法律。

二、特殊時期收養法律

唐高宗咸亨元年（670），十月冬天時，因大雪積深約離平地三尺多，造

〔註6〕 李淑媛，《爭財競產——唐宋的家產與法律》，頁127。
〔註7〕 劉俊文，《唐律疏義箋解》，頁942。
〔註8〕 李淑媛，《爭財競產——唐宋的家產與法律》，頁128。
〔註9〕 〔唐〕姚思廉，《梁書》，卷3，〈武帝本紀〉，普通二年春正月甲戌條，頁64。

成行人量凍死，除對凍死行人贈給棺木外，曾針對雍州、同州、華州等三地貧困之家下令：「有年十五已下不能存活者，聽一切任人收養爲男女，充驅使，皆不得爲奴婢。」〔註10〕這邊所下的詔令，是爲處理地區性災害較爲嚴重的三地（雍、同、華州）中貧困之家，十五歲以下不能存活的小孩，讓人收養，或者留置收養人家中供驅使，但收養人不能更改其身分，不得爲奴婢，唐朝身分別在法律行爲及社會地位，皆有嚴格限制。不能因擴大收養而紊亂法律上的身分制度。

唐高宗咸亨四年（673）又下詔：「咸亨初收養爲男女及驅使者，聽量酬衣食之直，放還本處。〔註11〕」律文規定，咸亨初年收養遺棄兒童爲養家中男女或者擔任家中僕役者，由政府補償收養期間的衣食的費用，並將被收養兒童放回原生的家庭。政府在相隔四年，災荒安定之後，確認被遺棄兒童收養情形，若爲臨時性收養，酌給養家所花費用後，將他們送回原生長的雍、同、華州地區與本生父母生活，或者四年後許多擴大收養的小孩已長大成人，使其可以自力更生後，聽任其回原鄉生存。

唐末到五代，與兒童收養有關的養子法並無多大改變，唐末後，各地節度使大量收養異姓養子，這些養子不限於遺棄兒童，爲數眾多的養子被培養成爲能擴大版圖的本錢，他們收養異姓養男，不受法律的規定所限制，唐末、五代的法律無顯著效力可限制節度使收養異姓養男。

除上述延續唐律的〈養子捨去〉條收養的相關法律外，也將國家照顧鰥寡孤獨的法律編列在戶婚律之中，從魏晉南北朝時期的詔令到唐朝立詔令在有限範圍內，擴大收養兒童，到宋太祖乾德元年（963），更編列入《宋刑統》〈戶婚律・脫漏增減戶口及老丁中小〉門當中。日本的《養老令》戶令第三十二條，也出現和本條完全相同的內容，《養老令》承襲唐律，由此可推知在唐朝已在令文中出現此一規範。宋朝將其正式明定於律文中：

> 諸鰥寡孤獨、貧窮老疾，不能自存者，令近親收養，若無近親，赴
> 鄉里安恤，如在路有疾患不能自勝致者，當界官司收復村坊安養，
> 仍加醫療，並勘問所由，具注貫屬、患損日移送前所。〔註12〕

〔註10〕〔後晉〕劉昫，《舊唐書》，卷5，〈高宗本紀下〉，咸亨元年（670），十月癸酉條，頁48。

〔註11〕〔後晉〕劉昫，《舊唐書》，卷5，〈高宗本紀下〉，咸亨四年（673），四年春正月甲午條，頁49。

〔註12〕《宋刑統》，卷12，〈戶婚律〉，「脫漏增減戶口疾老丁中」條，頁187。

該條文針對發生災害地方，對鰥寡孤獨、貧窮老疾者照顧。此法之訂定，較接近今日社會救濟，針對地方上孤苦無依的人，政府令近親收養，如無近親，則責付近鄰收養，法條前半段針對一般時期需要照護老人。在後半段提出該路若有傷患、病人無法自己料理生活的，著令當地官司於村坊設置地方安養，並提供醫療服務，問明其籍貫，詰問確實後，在病患生病期間，送至官府所設村坊安養疾患的地方。針對上述收養順序，圖解其收養順序如下：

圖1-1-1 宋朝不能自存之人與人收養順序圖

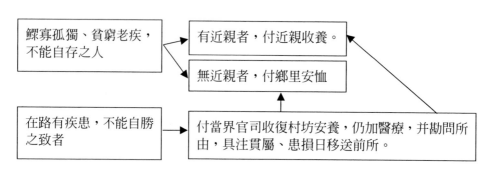

從魏晉南北朝到唐朝、宋初，針對兒童異姓收養條件，走向較為完善的趨勢。一開始異姓收養被禁止，在《晉書》卷八四〈殷仲堪傳〉中提出的「異姓相養，禮律所不許，子孫繼親族無後者，為令主其蒸嘗，不聽別籍以避役也。」〔註13〕再到曹魏時期「四孤論」，南朝梁出現「孤獨園」。唐朝最先僅限於災荒發生時開放的收養，後將收養納入戶令當中。宋朝進一步將唐朝戶令明定於律法當中，落實收養路邊鰥、寡、孤、獨、貧、弱、老、疾的救濟。

宋朝異姓收養律令有身分上的限制，是延續唐朝的成規，在〈養子立嫡〉條後段云：「諸養雜戶男為子孫者徒一年半，養女杖一百，官戶各加一等，與者亦如之。又云，若養部曲及奴為子孫者，杖一百，各還正之。無主及主自養者，聽從良。〔註14〕」上述條文，將戶口分為良民、雜戶、官戶，將身分界定為良民、部曲、奴婢，是延續唐律中身分法，而不同戶等與身分的收養行為，官方不承認其合法性。《宋刑統》承襲唐律的情形可見一斑，宋朝對於身份的限制，未如唐律嚴格劃分。雖然此條係延續唐律條文，實際上卻因時代變化而產生質變，宋朝對於尊卑身份應用，採取由身份契約所形成的上下

〔註13〕〔唐〕房玄齡，《晉書》，〈殷仲堪傳〉，頁2195。
〔註14〕〔宋〕竇儀，《宋刑統》，卷12，〈戶婚律‧養子立嫡〉門，頁190。

關係，身份限制收養並非起於法律上規定戶等的差異，而是因契約關係所形成的身份尊卑。

宋仁宗景祐元年（1034）曾下詔：「比因饑饉民有雇鬻妻子及遺棄幼稚而為人收養者，並聽從便。〔註15〕」如果饑荒時，人民有拋棄妻子以及遺棄兒童，而這些兒童被人收養者，政府在面對饑荒時，人們為了生存所做出的違法行為，不予懲罰，而諒解百姓為了生存而做出的決定，聽從其便。仁宗皇祐二年（1050）下詔：「兩浙流民聽人收養。」〔註16〕仁宗至和二年（1055）又下詔云：「訪聞飢民流移，有男女或遺棄道路，令開封府、京東、京西、淮東、京畿轉運司應有流民雇賣男女，許諸色人及臣寮之家收買。或遺棄道路者，亦聽收養。〔註17〕」到了宋神宗時也因京師雪寒，下詔：「老幼貧疾無依丐者，聽於四福田院額外給錢收養，至春稍暖則至。」〔註18〕熙寧三年（1070）十二月八日，神宗又下詔：

> 京城裏外雪寒，應老疾孤幼無依乞丐者，令開封府並分擘於四福田
> 院住泊，於額外收養。仍令推判四廂使臣依舊福田院條約看驗，每
> 日依額內人給錢養活，無令失所。其錢於左藏庫見管福田院錢內支
> 給，候春暖即申中書住支。〔註19〕

哲宗元祐八年（1093）也下詔：十二月七日，大雪詔：「收養內外乞丐老幼。〔註20〕」從上可見針對災荒的應變措施，宋朝政府於收養上因時制宜，據實際災荒狀態的不同，由國家下達需要辦理照護收養災民，以活全民。在京師以及其他各路，如果乞丐中有符合收養要件的兒童，聽其收養。

上述應變條文並未提到收養是否有年齡的限制。收養的地點主要是指福田院，由政府給錢收養，並安置生活在福田院。「住支之日」即「春暖」之時，才停止錢糧的支給。冬天基本上為十二、一月以及二月，至三月一號住支，地方官按實際災害、天氣的變化，甚至有展限至三月底的情形。

災荒時期應變法令，針對遺棄小兒部分，哲宗紹聖三年（1096）下詔：「遺棄饑貧小兒三歲以下，聽收養為真子孫。〔註21〕」哲宗朝對「遺棄小兒三歲

〔註15〕〔宋〕李燾，《續資治通鑑長編》，卷11，仁宗景祐元年辛巳條，頁2682。
〔註16〕〔元〕脫脫，《宋史》，卷12，皇祐二年三月已酉條，頁229。
〔註17〕〔清〕徐松，《宋會要輯稿》，食貨69／41，至和二年四月二十八日條。
〔註18〕〔元〕脫脫，《宋史》，卷178，食貨上6，神宗熙寧二年條，頁4339。
〔註19〕〔清〕徐松，《宋會要輯稿》，職官37／9，熙寧三年，十二月八日條。
〔註20〕〔清〕徐松，《宋會要輯稿》，瑞異2／17，元祐八年十二月七日條。
〔註21〕〔元〕脫脫，《宋史》，卷18，紹聖三年十二月甲戌條，頁345。

以下，雖異姓，聽收養」部分重申，立法意旨為維護遺棄兒童生命之延續。再以統治者角度觀察，人民為國家資產，呼籲民眾收養異姓兒童為真子孫，在災荒中，雖異姓收養，依親子條法。身份認定認同其擁有和親生子同等身份，享有共同的權利義務。雖法令規定同親子孫，實際上被收養兒童，很少能與親生子享有同等權益。

哲宗朝另有關於兒童收養法令條文係為針對孤幼財產檢校的措施，哲宗元祐元年（1086）年左司諫王巖叟言：

> 臣伏以天下之可哀者，莫如老而無子孫之託，故王者仁於其所求，而厚於其所施。此遺囑舊法，所以財產無多少之限，皆聽其與也；或同宗之戚，或異姓之親，為其能篤情義於孤老，所以財產無多少之限，皆聽其受也。因而有取，所不忍焉。然其後獻利之臣，不原此意，而立為限法，人情莫不傷之。不滿三百貫文，始容全給，不滿一千貫，給三百貫，一千貫以上，給三分之一而已。國家以四海之大、九州之富，顧豈取乎此？徒立法者累朝廷之仁爾。伏望聖慈特令復嘉祐遺囑法，以慰天下孤老者之心，以勸天下養孤老者之意，而厚民風焉。如蒙開納，乞先次施行。」從之。〔註22〕

王巖叟係針對遺囑立法分割財產部分，認為財產應聽從被繼承人意思表示，異姓之親也能依遺囑分得財產，尊重遺囑繼承原意，官員為謀戶絕之產補貼地方經費，限制繼承額度，顯出統治者與民爭利，罔顧被繼承人實際意思表示，因此希望恢復嘉祐遺囑法。

遺囑法表現被繼承人意志，利用遺囑中個人意思表示為依據，使同宗及異姓收養兒童，因繼承為財產之考量，使被繼承人能老有所終。後舉梓州路常平王雍在《宋會要輯稿》哲宗紹聖三年（1096）中也提出有關於孤幼財產檢校的問題：「元豐令，孤幼財產，官為檢校，使親戚撫養之。季給所需。貲蓄不滿五百萬者，召人戶供質當舉錢，歲取息二分，為撫養費。〔註23〕」

官府暫時代管孤幼財產，伺其長大後歸還財產，避免親戚代管財產運作，財產遭致侵害，簡言之，孤幼財產檢校的立法意旨是透過官方力量，有效運用被繼承人財產養活其親生子女，使親戚友朋顧念財產，妥善收養被繼承人之子女。

〔註22〕〔宋〕李燾，《續資治通鑑長編》，卷383，元祐元年七月條，頁9325。
〔註23〕〔清〕徐松，《宋會要輯稿》，食貨61／62，紹聖三年二月十日條。

　　根據劉馨珺在《「唐律」與宋代法文化》中的〈檢校法宋人撫孤實踐〉〔註24〕一文,「檢校孤幼財產」係唐律沒有,宋朝檢校孤幼財產的立法精神,是由官方透過公權力實施,唐朝則須等待完全戶絕,官方才會介入檢校。宋朝則是家庭尚有親戚時,官方仍然介入孤幼財產檢校。若孤幼財產不足以撫養孤幼成長費用,朝廷一開始是以定額支給親戚養護孤幼,直至財產用罄。

　　後來宋朝透過孤幼財產放貸,收二分息,仿常平息米營運方式,有效利用孤幼財產,使孤幼得以被撫養成人。

　　宋朝處理孤幼財產的特點,其一,官方主動性遠大於唐朝。宋朝透過官方檢校,利用孤幼財產管制,有效促使親戚妥善收養孤幼,使孤幼有足夠經費生存,不致對親戚生活產生負擔,待長大成人後,官方將其財產歸還。其二,官方檢校孤幼財產代管時,多能從經營中獲取利潤,以補地方經費不足之處。因此,官方在孤幼長成需歸還財產時,往往為既得利益而拖延歸還時間。

　　針對內侍收養,宋初也有相關的詔令出現,即於開寶四年（971）七月詔曰:

> 前詔內侍不計官品高低,逐人許養一子,以充繼嗣。近日訪聞多有論訟,爭競資財,宜令宣徽院曉示見在內侍:自今日已前已有養男者,不計人數,明具姓名、年幾,報宣徽院置籍收係。今後如年滿三十已無養父,欲收養義男者,本家具姓名、年幾,經宣徽院陳狀以聞,候得指揮,給與憑據收養。若衷私養者,許人糾告處死,告者賞錢百千,以犯事人家財充。如詔前已有義男多者,不許人數,分析久後資產,特許諸子均分。如帳籍無名,不在此限。〔註25〕

從本條詔令可以看出,官方允許內侍收養子孫,一人只許養一子,以充繼嗣,蓋內侍失去生育能力,為帝王家服務,法外開恩特許其可以養子,但須官方（此指宣徽院）控管其收養的姓名、年齡,經過宣徽院卻實施後,官方發下憑據才能收養,不得任意養子,如詔令下達之後,有敢私下違法收養者,允許人民告訴,並針對被告訴的內侍家進行之財產給予舉報人賞錢,而其在詔前養男多者,將其財產均分給養男,但須在帳籍上面有紀錄者,才得以均分財產。

──────────

〔註24〕劉馨珺,《「唐律」與宋代法文化》,頁252。

〔註25〕〔清〕徐松,《宋會要輯稿》,職官36／2,開寶四年七月條。

　　內侍收養事實上是一種法外開恩，特許內侍得以承繼宗祧，但亦有其限度，僅得一人可以成為內侍養男，並且需造冊管理。蓋內侍之職責為皇宮提供側近服務，若不嚴加管理，恐威脅皇權安危，需小心謹慎，被收養男需握有憑據，才能成立與收養內侍之間，法律上擬制的親子關係。

　　大辟罪人之子女收養問題，宋朝初年《天聖令》記載：「諸婦人犯死罪產子，無家人者，付近親收養；無近親，付四鄰。有欲養為子者，雖異姓，皆聽之。〔註26〕」對於犯罪婦人產子在條文中規定，若是婦人犯死罪，須待其產後才能處刑。事實上在此處根據，《天聖令》宋十九條：「諸婦人在禁臨產月者，責保聽出。死罪產後滿二十日、流罪以下產滿三十日，並即追禁，不給程。」〔註27〕但此處卻與《宋刑統》卷三十〈斷獄律．推斷懷孕婦人門〉條有所出入。

　　在此對於婦人犯死罪懷孕，罪不及子，故特許懷孕婦人產子時，得責請保人保釋出獄產子，產後滿法定規定日期休養後再行刑。〔註28〕但從《宋刑統》到《天聖令》，實際上對於懷孕婦人的產後開始行刑的時間上是愈加嚴格，從百日縮減到二十日、三十日。日限之規定，為初生之幼兒提供乳育，使新生兒得以存活，在日限內由犯罪婦人乳養，日限後尋找適合之收養處所。

　　兒童失去母親的養護，無以維生，故立法排定其收養之順序，首先，第一順位是託付家人，第二順位是託付親戚，第三順位才是輪到四鄰，若姓氏不相同仍得收養其子。事實上這條令文並未違反「三歲以下遺棄小兒，雖異姓，聽收養，及從其姓」規定。〔註29〕犯婦子為新生嬰兒。從本條亦可以看出，基於國家保護無辜生命，將其生存的權力延續到母親的犯罪行為的阻卻。

〔註26〕《天一閣明抄本天聖令校證下》，卷28，〈天聖令．獄官令〉，宋20條，頁331。

〔註27〕《天一閣明抄本天聖令校證下》，卷28〈天聖令．獄官令〉，宋20條，頁331。

〔註28〕〈推斷懷孕婦人〉條：「諸婦人犯死罪，懷孕當決者，聽產後一百日乃行刑。若未產而決者，徒二年。產訖限未滿而決者，徒一年。失者各減二等。其過限不決者，依奏報不決法。」以後下文「諸婦人懷孕犯罪，應拷及決杖笞者，杖一百。傷重者，依前人不合捶拷法。產後未滿百日而拷決者，減一等，失者各減二等。」〔宋〕竇儀，《宋刑統》，卷30，〈斷獄律．推斷懷孕婦人門〉，頁492～493。

〔註29〕〔宋〕竇儀，《宋刑統》，卷12，〈戶婚律．養子立嫡門〉，頁193。

圖 1-1-2 大辟罪人遺族兒童收養順序圖

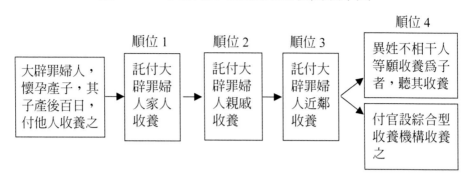

紹聖四年（1097）十二月乙酉〈戶絕之家官為立繼指揮勿行詔〉：「元祐（1086～1094）敕文『戶絕之家官為立繼』指揮勿行。」哲宗元祐年間，曾經下詔令，許官府為戶絕之家立繼，考量官府介入可消弭繼承糾紛，紹聖三年（1096）十二月五日，下令廢此詔，可能令文並未下達到各地，因此特降指揮，重申官府不得為戶絕之家立繼。

宋代初年對於收養法包含同姓收養、異姓收養的設立，大體上是延續前代的立法基礎，《宋刑統》延續唐律為收養法律依據，哲宗朝下詔令檢校孤幼財產，使孤幼財產能作有效利用，補充官方慈善事業與地方經費來源，這也是官方積極介入檢校的原因。從孤幼檢校的積極立法，顯現出宋初與前朝不同之處。

官方收養機構根據詔令對於臨時性收養場所之設立，南朝梁有孤獨園，在唐朝武則天時有「悲田養病坊」，但都僅設立於京師，宋朝對於收養機構、如何分配物資、以及結束臨時收養的時間，都有較為清楚的規定。且不僅是針對災荒時期的臨時收養有所規定，對於承平時期就需被收養的人，也有法規訂立如何照護，觀察宋朝落實律法的規定來看，顯見從魏晉南北朝到宋朝間，有關收養法規的設立，是趨向完善的。

至於內侍收養方面，宋朝針對內侍收養的詔令，其收養成立之管控非常嚴格，除了宦官接近皇權核心外，事實上也害怕宦官的力量透過養子的收養而擴大，可能威脅到皇權的穩定性。因此在法外開恩允許其收養子孫的同時，也設定重重嚴格的規定。此外，對於大辟罪人的婦女懷孕，罪不及子孫，因此設立的相關的收養辦法，使其小兒得以生存。

大體而言，宋初的兒童收養法律的特色，既延續前代的律法之外，也配合宋朝的需要。

第二節　徽宗朝收養相關法律

　　徽宗朝收養相關法律的特殊性，延續哲宗朝對收養機構的建設，將其從京師擴展到其他各大城市，在災荒時對於收養年限的增長，收養機構也負擔起協助收養的工作，以下針對徽宗朝相關的收養詔令作探討。另神宗朝的改革，雖因變法對社會帶來影響，在收養法律中，就筆者蒐集的條文，未有極大變化。除青苗法中的二分息，在孤幼財產檢校時應用青苗錢孳息方式，讓孤幼能從收養者處得到較好的照顧。

　　徽宗崇寧元年（1102）九月六日詔書中提到：「鰥寡孤獨應居養者，以戶絕財產給其費，不限月，依乞丐法給米豆。如不足，即支常平息錢。遺棄小兒，仍雇人乳養。〔註30〕」再次重申了承平時期對於需要被收養的人的規範。規定具有居養資格的包含鰥寡孤獨的人，其經費來源之一，來自於戶絕田產，不足則使用常平息錢。而其居養年限不限制月份，依照乞丐法給米豆，及每人日支米一升，小兒減半。如果遇到遭人遺棄的小兒，遺棄兒童未具能力自行飲食者，則依法雇人乳養。

　　事實上，依乞丐法施給米豆，哲宗元符元年已出現相關詔令，以元符令為主重申對鰥寡孤獨居養的確實性。元符令中提到以戶絕屋做為臨時居養住所，居養年限為年十五以下，或到可自力更生為止。徽宗朝法律延續哲宗朝命令，強調必須照護鰥寡孤獨不能自存之人。

　　徽宗崇寧四年（1105），下詔針對居養之法遍佈各省，但京師因早設有福田院，居養有福田院條例，與其他各地不同，給鰥寡孤獨及貧窮之人照顧，與各省有出入，下令開封府依照外州法居養鰥寡孤獨，使福田院與各省的照顧條件一致，並同時設置安濟坊照護病人。〔註31〕同年，十二月十九日，興元府上言提出朝廷設置居養院已安養鰥寡孤獨以及設置安濟坊醫理病人。

　　徽宗崇寧四年（1105）十二月二十八日又下詔，說明從京師至外路皆行居養法，並設置安濟坊。但也有非鰥寡孤獨、癃老疾廢，符合貧乏不能自存之人，原據法令不符居養條件，崇寧四年開放當職官員審查，如確認實為不能自存之人，許與居養。監察方面則京師方面委託提點刑獄司，外路許佗司分巡皆得接受申訴，都城之中，也允許御史臺糾劾。〔註32〕可知崇寧年間，

〔註30〕〔清〕徐松，《宋會要輯稿》，食貨60／3，崇寧元年九月六日條。
〔註31〕〔清〕徐松，《宋會要輯稿》，食貨60／4，崇寧四年十月六日條。
〔註32〕〔清〕徐松，《宋會要輯稿》，食貨60／4，崇寧四年十二月二十八日條。

針對被居養的人數是擴大的，基本上只要符合「不能自存」，監察單位核准確認，就符合被居養的身分。

徽宗大觀元年（1107），再次下詔針對居養鰥寡孤獨之人，此次在老者，將其收養的歲數下修到五十歲以上即符合收養規定。徽宗朝在兒童收養上有擴大年歲的規定，對於老人的養護亦擴大，因此加重了政府財政負擔，後續針對財政支出負擔不足的部分，法令上有所修改。大觀元年提出此詔，崇寧三年十一月二十六日，下詔天下設置安濟坊、漏澤園，州縣將設置相關福利設施詔令視同具文，下令重申確實承辦，請辦監司、巡檢等官員負起檢校的工作，逐件辦理妥當。〔註33〕同年八月二十七日，眞定府上奏：「居養院、安濟坊兩處所管出納官物，并日逐抄轉簿曆及供報文字，委是繁多，若共差軍典一名，顯見兩處勾當不前，伏望各拆軍典一名，並添支錢米等，並乞依已得指揮。」針對管理居養院和安濟坊兩處的軍典，上奏若共用一名軍典，可能會有混亂的情形，爲避免此一情形延續，希望分別各用一名軍典。〔註34〕閏十月時又詔令：「在京與遇多寒，有乞丐無衣赤露，往往倒於街衢。其居養院，只居鰥寡孤獨不能自存之人，應遇多寒與雪，有無衣服赤露人，並收入居養院，並依居養法。〔註35〕」徽宗朝針對乞丐中不符合居養法內規定的收養者，在多寒雨雪時，也給予適度的照護，而其照護的方式依照居養法規定的份額照護生活所需。上述幾則雖未與兒童收養有密切相關，但是可以看到的是，徽宗朝針對鰥寡孤獨之人的照顧不僅限於居養院，針對兒童的收養、臨時收養以及照護，皆一體適用於「不能自存」之人之中，依據年齡不同，所給的照護不同。多以七歲爲劃分的界線，七歲以上依成人例給米豆，七歲以下減半。

大觀二年八月十九日，工部言：「邢州、鉅鹿縣水，本縣官、私房等盡被淊浸。」詔見在人戶如法賑濟。如有孤遺及小兒，並側近居養院收養。〔註36〕主要針對鉅鹿縣發生水災，當時的情況甚至連官府的官私房也被大水掩沒，不能暫時性的提供災民暫時的居所，通過下詔針對走失、被遺棄等小兒，如果有所發現，將其送至附近的居養院收養。是針對災荒所做出的應變措施，孤遺小兒符合「不能自存」的條件，故暫且將其收養在居養院中，但在本條

〔註33〕〔清〕徐松，《宋會要輯稿》，食貨60／5，大觀元年三月十八日條。
〔註34〕〔清〕徐松，《宋會要輯稿》，食貨60／5，大觀元年八月二十七日條。
〔註35〕〔清〕徐松，《宋會要輯稿》，食貨60／5，大觀元年閏十月條。
〔註36〕〔清〕徐松，《宋會要輯稿》，食貨60／5，大觀二年八月十九日條。

中，並沒有提到這些遺棄小兒是由他人送到居養院，或者由官方單位送到居養院當中。

徽宗朝過於強調居養、安濟、漏澤等設施，州縣爲討好上級，出現奉行過當的情形，朝廷於大觀三年（1109）四月二日下詔：「居養、安濟、漏澤，爲仁政先，欲鰥寡孤獨、養生送死各不失所而。聞諸縣奉行太過，甚者至於設供帳、備酒饌，不無苛擾。其立法禁止，無令過有姑息。〔註37〕」本條也很明確的指出，此立法意旨爲提供鰥寡孤獨不能自存之人活命基本需求，州縣奉行過當增加政府財政負擔，失去施行仁政的本意。情形卻未立即獲得改善。同年十二月十六日，三省也提出：

> 戶部奏：「詔居養、安濟日來官司奉法太過，致州縣受弊，可申明禁止，務在適中。看詳自降元符法，節次官司起請增添。若依舊遵用，慮諸路奉法不一。欲依元符令并崇寧五年秋頒條施行。」〔註38〕

戶部的奏摺中提出州縣弊端繁多，三省明令禁止，戶部提出此方案，可見奉行過當的確造成財政嚴重負擔，望按哲宗朝的「元符令」，即居養鰥寡孤獨不能自存之人，按照乞丐法給米豆，將經費來源集中在戶絕產，不足時方用常平息錢，減輕財政負擔。〔註39〕戶部重申居養、安濟、漏澤的根本經費來源爲戶絕產不足時方用常平息錢，令各路奉行，勿爲突顯仁政績效使用額外經費，增加國家財政負擔。

徽宗大觀四年（1110）八月二十五日針對其弊端，其一減少居養場所內設置蚊帳、給肉食、設祭醮，加贈典等浮費。其二有少且壯者，不符鰥寡孤獨不能自存之要件，卻得到居養的補助，望能嚴加監管。州縣除前所設置場所可存留之外，其餘額外設施皆不存留，開封府創制的相關坊院罷除，所收容者整併於四間福田院當中，依舊法施行，但若「遇歲欠或大寒、州縣申監司，在京申開封府，並聞奏聽旨。內遺棄小兒委寔須乳者，所在保明。聽依崇寧元年（1102）法雇乳。〔註40〕」從上述可之，政府透過一再地重申法律，節省空間、經費，以最符合經濟效益方式達到施行仁政的目的。若遺棄小兒年歲太小，需乳養，依照崇寧元年（1102）法規施行辦理。崇寧元年法僅提到遺

〔註37〕〔清〕徐松，《宋會要輯稿》，食貨 60／5，大觀三年四月二日條。

〔註38〕〔清〕徐松，《宋會要輯稿》，食貨 60／5，大觀三年十二月十六日條

〔註39〕根據《宋會要輯稿》，食貨 60／3 中提到，徽宗崇寧元年（1102）九月六日詔書，賑災先以戶絕產支付，不足者再以常平錢米補充。

〔註40〕〔清〕徐松，《宋會要輯稿》，食貨 60／6，大觀四年八月二十五日條

棄小兒仍雇人乳養，未提及所雇乳母人數與需乳養遺棄兒童比例。

徽宗政和元年（1111）正月二十九日，依舊下詔強調居養鰥寡孤獨之人，最根本的施行原則爲元符令，除非遇歉歲或大寒，需加優恤，亦須等候上奏得到旨意認可後再施行，考慮到上奏程序繁複，無法立即性救助，須仰賴提舉司審度之後施行上奏，以救災中爲當務之急，程序可容後再辦，各路都比照辦理。〔註41〕

政和四年（1114）兩浙轉運司提出當在鎮江府丹徒縣的居養院、安濟坊沒有給予確實居養，如布絮衲被爲基本需求，非爲濫支錢物，不得儉省。朝廷考量其有理，准許其置辦，諸路依此施行。政和四年（1114）二月二日，臣寮言諸路民間有不能自存之人，得到居養後，隨時都有可能被遣逐，常假冒「親戚識認」爲藉口，將其驅逐，使依法當收恤者，不能得到應有的照顧，官吏狼狽爲奸，無以檢察，望州縣之後出現親戚識認，委託不相干的官員驗實，避免有詐冒、保明不實之情況，詐冒之人與保明不實之人皆處以同等罪則，不得以赦降免去官員的罪責。對於此上奏，朝廷從其建議施行。〔註42〕根據此二項條文與施行的詔令來看，對於應該給予的照顧條件，只要合於道理，朝廷皆會同意，但若從中上下其手，冒名頂替，使合於資格居養人無法得到照護，反遊手好閒之人因此得利，則不能姑息，甚以不得適用朝廷大赦得到赦免，對於瀆職貪污行爲，官方態度較強硬。

同年，穎昌府崔直躬上奏：「朝廷以居養、安濟惠濟鰥寡孤獨，欲冬月遇寒雪異常，許權不限數支訖聞奏。」朝廷從之。〔註43〕居養、安濟是朝廷對於鰥寡孤獨貧病照護，在有限資源下，居養院、安濟坊都有固定名額，否則政府無法支應龐大的人員救濟。但員額的限制僅限於承平時期。若遇冬天，因天氣的關係，需要救助的人會變多，這時仰賴官員上奏，使政府了解情形，政府在冬賑做出調整救濟的規定的員額人數擴大收養，待冬天過後，恢復原本救濟額度，是宋朝政府在冬賑的應變措施。徽宗政和五年（1115）二月十七日詔：「居養院見居養民（原作居），合止此月二十日住罷，可更展現十日。〔註44〕」居養院暫時收容須居養之人民，政府衡量各年冬天的寒冷實際狀況，因應該年度冬天期間較長，提出展限十日，即將住罷日期往後

〔註41〕〔清〕徐松，《宋會要輯稿》，食貨 60 / 6，政和元年正月二十九日條

〔註42〕〔清〕徐松，《宋會要輯稿》，食貨 60 / 6，政和四年二月一日、二月二日條。

〔註43〕〔清〕徐松，《宋會要輯稿》，食貨 60 / 6，政和四年四月十八日條。

〔註44〕〔清〕徐松，《宋會要輯稿》，食貨 60 / 6，政和五年二月十七日條。

延期十日，對法令規定雖有固定的限期，但在特定的天氣因素條件之下，宋朝政府為使人民能夠確實的被救助，展現施政的彈性。

宋朝官員面對宋朝政府的仁政比前朝救濟百姓的措施，更加理解並主動提出意見，希望鰥寡孤獨、遺棄小兒，能確實得到政府救助。宋朝官員在災荒處理收養遺棄小兒建議是具有主動性，政府藉由官員監督上報，達到有效救濟人民的目的，就其建議有效調整收養兒童的措施，不論是經費、施行細則的運用等，而這些紀錄也被記載下來，成為政府施政的參考。

徽宗政和六年（1116）知福州趙靖上奏：「鰥寡孤獨居養、安濟之法，自崇寧以來，每歲全活者無慮億萬。乞詔有司歲終總諸路全活之數，宣付使館。〔註45〕」而朝廷從其奏，針對救濟人數做紀錄，顯現出當時對於簿記的管理有相當程度的發展。同年十月十八日，開封府尹王革上奏：「本府令，每歲冬月，吏部差小使臣，於都城裏外救寒凍倒臥，並拘收無衣赤露乞丐人，送居院收養。〔註46〕」根據本條，在每年冬天的時候。會由吏部派遣小使臣到都城內外尋找因寒冷受凍而倒地之人，連同無衣赤露得乞丐人一起送到居養院暫時收養，未提及這些小使臣的來源，小使臣的工作內容為巡視京城內外並且將需要收養之人送至居養院，而這些工作僅限於京城內外地區。而這些幫助吏部巡視之人，較有可能是待缺的官員，只要協助吏部擔任這些職務，雖然沒有酬獎，但可以減其磨勘。

政和七年（1117）七月四日，由成都府提舉常平司言：

> 準敕，成都府路提舉常平司所請居養院孤貧小兒內有可教導之人，
> 欲乞入小學聽讀。本司遵奉施行外，所有逐人衣服襴鞹，欲乞於本
> 司常平頭子錢內支給置造，仍乞與免入齋之用。詔依，餘路依此。
> 〔註47〕

成都府提出，希望居養院中孤貧小兒有聰明可被教導之人能夠進入小學就讀，額外的上課物資，以常平頭子錢當作其經費來源。朝廷同意其所奏請，朝廷對收養孤貧小兒，不會忽視其可塑性，如能為國家培育人才，准許他們可以進小學讀書。本奏摺的建議意旨在使居養院被收養的遺棄小兒若有可造之材，能為國家所用。本非常平司之職務，但依成都府所請，使得此項事務納入常平管理。

〔註45〕〔清〕徐松，《宋會要輯稿》，食貨60／6，政和六年正月五日條。
〔註46〕〔清〕徐松，《宋會要輯稿》，食貨60／6，政和六年十月十八日條。
〔註47〕〔清〕徐松，《宋會要輯稿》，食貨60／7，政和七年七月四日條。

同年八月十六日，提舉淮南東路常平等事郭子崇言：「凡居養院遺棄小兒，許宮觀、寺院養爲童行，庶得所歸。」〔註 48〕而針對此一上奏，朝廷也聽從其意見。針對此一命令的實施，宮觀、寺院都是收養被遺棄小兒的場所，於此條中未說明，若宮觀、寺院收養遺棄小兒的補助是否比照居養院內辦理，或者是由宮觀、寺院自行吸收費用，國家對寺院的童行與道士、僧侶皆列冊管理，故寺觀提供政府一處可收養遺棄小兒的地方之外，也減緩居養院中收養配額的壓力，減輕政府財政上的壓力。

政和八年（1118）七月十二日，下詔：「諸州縣鎮寨及鄉村道路，遇寒月，過往軍民有寒凍僵仆之人，地分合干人即時扶舁，送近便居養院，量給錢米救濟。不願入院者，津遣出界。違而不送者，委令，佐及本地分當職官覺察，監司巡歷所至點檢。」〔註 49〕屬冬賑收養條文，居養院的數目一定遍及全國，就近將寒凍僵仆之人送往居養院以活其性命，此居養不具強制性，如不願留養入院，則遣送出界，而這些巡視，監察的工作委各地的監司、巡歷至所到之處巡察。分層級監察巡視。

宣和元年（1119）五月九日，詔：「居養、安濟等法，歲久浸壞，吏滋不虔，可令諸路監司、廉訪使者分行所部，有不虔者，劾之，重寘於法。」〔註 50〕再於隔年，宣和二年（1120）六月十九日詔：

> 居養、安濟、漏澤之法。本以施惠困窮。有司不明先帝之法，奉行失當，如給衣被器用，專顧乳母及女使之類，皆資給過厚。常平所入，殆不能支。天下窮民飽食暖衣，猶有餘峙，而使軍旅之士稟食不繼，或至逋逃四方，非所以爲政之道。可參考元豐惠養乞丐舊法，裁立中制。應居養人，日給秔米或粟米一升、錢十文省給。十一月至正月，加柴炭錢五文省。小兒並減半。安濟坊錢米，依居養法，醫藥如舊制。漏澤園除葬埋依見行條法外，餘三處應資給若齋醮等事悉罷，吏人、公人員額及請給酬賞，並令戶部右曹裁定以聞。〔註 51〕

徽宗朝末年，朝廷對於居養、安濟等措施的提倡，且開闢許多額外的經費，久行後，官吏爲討好上級，乃有奉行失當，資給過厚之情形，甚至居養院內有專門顧養的乳母和女使，然其本意爲全活受災人民，濟助鰥寡孤獨等窮

〔註 48〕　〔清〕徐松，《宋會要輯稿》，食貨 60／7，政和七年八月十六日條。
〔註 49〕　〔清〕徐松，《宋會要輯稿》，食貨 60／7，政和八年七月十二日條。
〔註 50〕　〔清〕徐松，《宋會要輯稿》，食貨 60／7，宣和元年五月九日條。
〔註 51〕　〔清〕徐松，《宋會要輯稿》，食貨 60／7，宣和二年六月十九日條。

民，並非給予優渥的生活照顧。僅需符合最低生活水平，用最低成本達到最大成效。最低生活水平則是參考「元豐惠養乞丐法」，及日給杭米或粟米一升錢十文省給，冬天即十一月到一月加柴炭錢五文錢，小兒減半。其餘皆比照舊法辦理。而因當職官吏上下其手，奉行過當，致使朝廷不停的下詔勸導，其目的為全活人民而非過度居養。宣和二年（1120）七月三日，詔：「在京乞丐人，大觀元年閏十月依居養法指揮更不施行。」而在七月十四日的詔也再次重申居養、安濟、漏澤之法主要依據元豐惠養乞丐舊法施行，而吏人、公人的員額和酬賞根據戶部裁定，十月十七日擴大收養老人的年齡，下修其年齡。〔註52〕宣和七年（（1125）四月十一日，尚書省也上奏：「冬寒，倒臥人更不收養。乞丐人倒臥街衢，輦轂之下，十目所視，人所嗟惻。聖明在上，深所仁憫，立居養以救其困，所費至微而惠澤至深，合行修復。」而朝廷也從其所奏。由此可知，即便在北宋生死存亡之際，仍未丟失惠養人民的想法。

　　徽宗朝與居養、安濟等措施大小相關的詔令多達三十幾條。可從條文中觀察到徽宗朝未跳脫哲宗朝所奠定基礎，僅將其所設立的惠養設施改名，確立名為居養，於居養、安濟、漏澤三方面加以延用擴大，根據情形的不同，而有因地制宜、因時制宜、因天氣置宜的彈性改良。徽宗朝雖非原創官方綜合養濟機構，卻將惠養設施擴及全國，並於人力安排上面建立起更明確的簿記、專職管理，各自獨立的惠養措施，避免混亂的簿記造成管理疏失。兒童收養部分，事實上僅零星的幾條是特別有提到孤遺小兒，送鄰近居養院收養，或者巡視到孤遺小兒的時候如何分類？尋找地方將其收養。徽宗朝特別提出，居養院內的孤遺小兒，許宮觀、寺院收養，寺、觀提供空間去處收養遺棄小兒，提供宋朝政府一個舒緩居養院收養孤遺小兒空間壓力的額外場所。而這些遺棄小兒被寺觀收養時，徽宗朝並沒有下詔令，是否補助相關的糧食？依照法令給其配給，後續章節討論之。此處暫不討論。

　　宋朝的兒童收養，在宋初至徽宗朝，被淹沒在乞丐收養及鰥寡孤獨不能自存之人中。乞丐之中不乏遺棄小兒、孤兒。鰥寡孤獨不能自存之人也包含遺棄小兒。這些法令的規定是針對大方向的不能自存之人，隱藏在其中的兒童則也屬於政府需要照顧的一群。徽宗朝已注意到分開收養生病患者、以及健康的老幼貧疾之人，並且設置專門處理埋葬的機構。

　　徽宗朝的福利機構常奉行過當，因此經常性的下詔依舊法規定施行居

〔註52〕〔清〕徐松，《宋會要輯稿》，食貨60／7，宣和二年七月三日、十月十七條。

養，下詔宣導的次數明顯的增加，主因在徽宗較其他皇帝重視惠養人民的措施，官吏為得到肯定，奉行過當的舉措較多，無形中對財政造成負擔，主要支撐這些措施的經費來源為戶絕產業，無法負荷這些額外的花費，雖不足之處可由常平頭子錢補足，仍給財政造成負擔，戶部上奏表達此一情形，可見奉行過當情形非常嚴重。更甚者，利之所在，小人趨之。冒名詐偽以及官吏造假的情事所在多有，朝廷意識此情形，下詔令監司、廉訪使者等多加考察。

第三節　南宋收養相關法律

南宋對於收養的法律，係延續北宋時期的律令。特別在南北宋交接時期，因應戰爭之需求，在法律上對戰區有放寬收養年齡限制的規定。另外，南宋針對兒童收養出現專門的收容機構，也成為明、清慈幼事業的開端。

一、南宋承平時期收養法律

為減少遺棄小兒以及殺嬰情況的出現，在《慶元條法事類》卷七，〈監司・職制令〉當中也提到「諸生子孫而殺或棄之罪賞條約，州縣鄉村粉壁曉事，每年舉行，監司巡吏常點檢。」〔註53〕因為遺棄子孫是有罪的，在〈職制令〉當中也特別提出，曉喻人民減少這樣的違法行為是地方官應盡的責任。《慶元條法事類》中提到「諸大辟囚，本宗同居親年十歲以下無家人者，責付近親收養，無近親者，付鄰人，其不願養而有餘人欲以為子孫者聽，異姓者，皆從其姓。」〔註54〕提出犯下死罪的犯人，其親人十歲以下如果無直系家人可以收養，責付近親收養，無近親者，責付鄰人，鄰人如不願收養，如有他人願意收養為子孫者，聽從其姓。並未脫離北宋天聖令範圍，最大差別在於南宋令文中明確指出「十歲」以下親人的規定，其他責付收養的順位，針對異姓收養的條文並無改變。可推論從北宋到南宋，大辟罪人的家人被收養的年齡從需同時符合《宋刑統》條文中三歲以下的異姓養男規定，提高其年齡限制到十歲以下。寧宗開禧元年（1205）三月四日：「申嚴民間生子棄殺之禁，仍令有司月給錢米收養。」〔註55〕又再指出當時對於遺棄小兒以及殺嬰的明令禁止。

〔註53〕楊一凡、田濤主編，戴建國點校，《慶元條法事類》，頁118。
〔註54〕楊一凡、田濤主編，戴建國點校，《慶元條法事類》，頁806。
〔註55〕〔元〕脫脫《宋史》，卷38，開禧元年十二月辛未條，頁737。

二、南宋特殊時期收養法律

南宋收養相關詔令下達如：高宗紹興二年（1132）十一月二十七日，南郊赦：

> 在法，諸州縣每歲收養乞丐，自十一月一日爲始，至次年三月終止。
> 訪聞近來州縣往往將強壯有行業住家之人，公然違法計囑所屬官司
> 并團頭冒驗養濟，冒濫支給錢米。其委實老疾、孤幼、貧乏乞丐之
> 人，正當存恤，緣無囑託，漏落姓名，以致不霑實惠，深可憐憫。
> 仰諸州縣今需管照應條令。從實盡行根括，不得仍前冒濫支請，縱
> 容何干人作弊。令主管常平官長切覺查。其臨安府仁和、錢塘縣養
> 濟院，每歲收養流寓乞丐，亦仰依此施行。不得徒爲文具，致失朝
> 廷存恤之意。

南宋延續元符令中所規定的臨時收養期限，從十一月一日到隔年的三月終止。另外，延續德政之外，弊端隨之出現，人頭冒認，使老疾、孤幼、貧乏乞丐之人得不到照顧。南宋剛剛站穩腳步，慈善機構以及臨時收養機構的設置，有助於宋朝政府儘速恢復百姓的信心，透過設施運作所遇到的問題，提出弊端防制方式，請常平司嚴加覺察。特別指名仁和、錢塘兩縣養濟院的部分，可推測此二縣可能存在嚴重的冒領問題。

高宗紹興四年（1134）明堂赦：「應遭金人及賊寇遺棄下幼小，但十五歲以下聽行收養，即從其姓。〔註56〕」紹興六年（1136）十二月一日德音、七年（1137）九月二十二日明堂同此制。戰爭期間擴大收養兒童的法律於唐朝已出現，相同條文南宋高宗時出現三次，顯示高宗此時想要盡快恢復社會狀況，也得知國家在非承平時期因時制宜調整遺棄小兒收養年齡。據此條文更可肯定十五歲的確爲收養兒童的最大的分隔年齡限制。高宗紹興八年五月十六日詔：

> 應州縣鄉村第五等、坊郭第七等以下人戶及無等貧乏之家，生男女
> 兒不能養贍者，每年支錢四貫，于常平或免役寬勝錢內支給。官吏
> 違慢，以違制論。仍委守令勸諭本處土豪、父老及名德僧常切曉喻
> 福，或加賙給。如奉行如法，存活數多，許本路監司保明，並與推
> 賞。〔註57〕

〔註56〕〔清〕徐松，《宋會要輯稿》，食貨68／122，紹興四年九月十五日條。
〔註57〕〔清〕徐松，《宋會要輯稿》，刑法2／147，紹興八年五月十六日條。

南宋針對貧乏之家生育子女無法養贍的情況，給予每年支錢四貫，輔助小孩免於被拋棄或者溺嬰的情況出現。經費來源為常平及免役寬剩錢。透過官府曉喻豪民、父老及寺廟的僧侶知曉。透過這些人將政府的德政擴展到各個基層社會去。只要能夠得到幫助的人都能夠得到幫助，會獎勵這些宣傳的人。而監督的工作主要是交給各地的監司監察。

孝宗隆興二年（1164）十二月十六日德音：

> 楚、滁、濠、廬、光州、盱眙、光化軍管內，幷揚、成、西和、襄
> 陽、德安府、信陽、高郵軍人戶復業無力之家，許於寺院或空閒無
> 主屋宇安泊，仍將官司白地出榜，令指射蓋造居住。應棄下幼小，
> 但十五歲以下聽行收養，即從其姓。〔註58〕

本條德音中提到這些受災地區，若災民回鄉後無力復業，可在寺院及空閒無主的房屋內暫時安置，同時將官府內的白地出榜，使人民得知可以官方所屬的空地蓋房屋居住。如有被遺棄的幼小兒童，其年齡在十五歲以下，聽行收養，即從其姓。在此處前一年才頒德音規定十五歲以下，隔年又說三歲以下，人皆不敢收養，政令未貫徹，前後矛盾。

乾道元年（1165）尚書員外郎、浙東檢察賑濟唐閱言：

> 民間頗有遺棄小兒，足食之家願得收養，正緣於法，遺棄小兒止許
> 收養三歲以下。緣此三歲以上者人皆不敢。乞朝廷指揮，權于今年
> 許令十歲以下聽人家收養，將來不許識認。〔註59〕

唐閱因為浙東地區發生嚴重的災害，被派任到浙東擔任賑濟監察的工作，因為災荒出現大量的遺棄小兒，雖有願收養之人，因法律規定遺棄小兒的收養須在三歲以下，方可合法收養異姓小兒，上奏乞求能在乾道元年（1165）當年度應災荒需求，擴大收養的年齡到十歲，保障足食之家善意收養小孩後，無須擔心將來親生父母前來識認時，依法需歸還。在方法上暫且放下親生父母對於親生骨肉權益。為使大量的遺棄小兒能夠存活，才有此權宜之計。此上奏被朝廷接受，乾道元年一年間施行，屬臨時性法律。收養十歲以下遺棄小兒的只限於這一年為合法。此點除唐閱外，葉夢得在擔任許昌縣丞時，也提出相似看法：「余為閱法，則凡傷災棄遺小兒，父母不得復取，乃知為此法者，亦仁人也。夫既彼棄而不有，父母之恩已絕矣。若人不收之。其誰與

〔註58〕〔清〕徐松，《宋會要輯稿》，食貨69／62，隆興二年十二月十六日條。
〔註59〕〔清〕徐松，《宋會要輯稿》，食貨59／41，乾道元年三月三日條。

活乎。〔註60〕」明確指出認為父母不得復取的原因在於，彼棄而不有，父母之恩已絕，他人若不收養之，此遺棄小兒必亡。故不得識認，亦有理也。

乾道七年冊皇太子赦：「災傷州軍，竊慮有遺棄小兒，有人收養者，官為置曆抄上，日給常平米兩升。〔註61〕」考慮到發生災傷的州、軍地區常常出現遺棄小兒，因此特別下赦，如果有遺棄小兒，官府必須將收養人和收養遺棄小兒置曆，每日供給常平米兩升，以補助收養遺棄小兒的人家。考量善意收養遺棄小兒的人家經濟狀況以利相誘，提供兩升白米，提高收養遺棄小兒的意願。劉彝在江西時，也曾採用此法，且成效卓越。〔註62〕

如孝宗淳熙二年（1175）詔：

> 淮南東路間有旱傷處，已降指揮本路漕臣同提舉常平官取撥常平、義倉米措置賑糶及流移人戶依條賑給。尚慮民戶以州縣不即檢放應輸官物為疑，致有賤賣牛、棄業、棄小兒。二十口以上，官為支給犒賞。如上戶、士大夫家能收養五十口，具名以聞，乞行旌賞；州縣官措置支給錢米收養百口至二、三百口者，具名以聞。」至是，段子雍應格，故有是命。〔註63〕

本條後續提到當時真的有人應格〔註64〕，可知當時出現此條文的應用，實際上延續的時間長短不得而知。但可從本條中看出，因災傷嚴重出現大量被遺棄的小兒，下詔鼓勵上戶和士大夫能大量收養遺棄小兒，透過提供家中閒置房產臨時收養遺棄小兒住宿，提供錢米以使遺棄兒童得以活命，官府給予旌賞作名譽上的鼓勵。州縣官府措置錢米收養遺棄人口，從百口到二、三百口。以官府和民間共同分擔收養遺棄小兒的工作。政府透過與民間力量合作，達到有效收養遺棄兒童的目的，在本條詔令中可見一斑。寧宗慶元元年（1195）正月十九日詔：

> 兩浙、兩淮、江東路提舉司行下所部荒歉去處，逐州逐縣各選委清彊官一員，遇有遺棄小兒，支給常平錢米措置存養。內有未能食者，

〔註60〕〔宋〕李元綱，《厚德錄》，卷3，頁33。
〔註61〕〔清〕徐松，《宋會要輯稿》，食貨59／47，乾道七年二月十四日條。
〔註62〕〔宋〕李元綱，《厚德錄》，卷1，頁10。
〔註63〕〔清〕徐松，《宋會要輯稿》，食貨58／14，淳熙二年，閏九月十七日條。
〔註64〕〔清〕徐松，《宋會要輯稿》，食貨68／110，嘉定四年七月二十七日條，詔：「撫州寄居迪功郎、新袁州萬載縣主簿段子雍，以歲旱，收養遺棄童幼二百二口，後至食新，並責還父母親屬。可特循從政郎。」

雇人乳哺，其乳母每月量給錢米養贍。如願許收養為子者，並許為親子條法施行，務要實惠，毋致減裂。如有違戾，仰監司覺察按劾以聞。〔註65〕

本條對於遺棄小兒的法律遇到荒歉時，支給常平錢米存養，如果遺棄小兒年紀尚小，則雇人乳哺，其所雇的乳母，每月給米養贍，乳母如願收養所乳遺棄小兒，依親子條法施行，即依照收養異姓遺棄小兒三歲以下，即從其姓，女子不在此限。同年六月七日當時的兩浙轉運副使沈詵上奏中提到當時兩浙州縣多饑疫，乞求朝廷降下度牒給於其籌措經費，其中關於「老弱、孤獨、殘患流離道路，皆當矜恤，乞許今州縣別委官踏逐空閑屋宇、寺廟收養。其間遺棄小兒，募人養之，官為記號，月一呈驗，以給其費。」〔註66〕朝廷除下詔降下度牒外，採納其建議，朝廷政令在災荒利用寺廟、州縣空屋，暫時性收養情形相當普遍。遺棄小兒，募人收養，可能為暫時寄養在願意收養遺棄小兒的人家，由官府做記號登記，每月呈報驗實給予補助，等候災荒過去，親生父母前來認領，或由收養家在經過法律程序後直接收養，或者送至附近的收養單位，官為收養。

寧宗嘉定二年（1209）七月四日，下詔：「荒歉州縣七歲以下男女，聽異姓收養，著為令。」〔註67〕針對荒歉州縣，遇到災荒時所產生大量遺棄小兒，不分男女聽異姓收養，這是國家在遇到特殊情況時提高收養年齡限制的情形，僅限於荒歉州縣，而實際上施行的年份未加以說明，多僅限於荒歉發生該年度。

嘉定二年（1209）十二月十四日奏摺中提出，當時都城內外的米價騰貴。路旁多有乞丐倒斃，棄子於道。對於當時被遺棄的嬰孩提出，月支錢、米，為收生婦人權與收養，逐旋尋主申官。〔註68〕在一次證實南宋在災荒時，對於被遺棄嬰孩，除了委託收生婦人乳養之外，希望他們暫時收養這些小孩，待災荒過去，在另尋其他的解決方法。嘉定十二年（1223）當時的江西運判芮輝言：

鄉村偏遠去處，遺棄小兒，令州縣告諭，保明根刷。具名申官支給錢，米扶養。如一鄉一都之內保正能收養遺棄，庶幾人霑實惠，愁

〔註65〕　〔清〕徐松，《宋會要輯稿》，食貨58／21，慶元元年正月十九日條。
〔註66〕　〔清〕徐松，《宋會要輯稿》，食貨58／22，慶元元年六月七日條。
〔註67〕　〔元〕脫脫《宋史》，頁39，嘉定二年七月乙未條，頁753。
〔註68〕　〔清〕徐松《宋會要輯稿》，食貨68／106，嘉定二年十二月十四日條。

歎不萌，可以易災沴而爲休祥。〔註69〕

江西運判上奏希望能夠得到朝廷應許，在鄉村偏遠地區，如欲遺棄小兒，能夠確實收養以活命遺棄小兒，希望鄉、都等基層的保正都能夠負起收養責任，使遺棄小兒於偏遠地區都能被收養。朝廷准許將收養地區擴大到偏遠地區，對於收養遺棄小兒之人，官爲登記支給錢、米撫養。

袁甫於寧宗嘉定十二年（1219）出任湖州通判時，增附嬰兒局。而理宗淳祐九年（1249）正月二十日詔：「給官田五百畝，命臨安府創慈幼局，收養道路遺棄初生嬰兒，仍置藥局療貧民急病。」〔註70〕常楙也提到在知廣德軍的時候設置慈幼局。〔註71〕此時正式立法設置專門收養遺棄嬰孩的官方機構，也是第一次由政府立法設置專屬收養機構。從臨安府開始擴展到其他地區。在《咸淳臨安志》當中也有對於慈幼局的記載：

慈幼局

在樓店務對河。淳祐七年（1247）十二月有旨：令臨安府拋屋爲「慈幼局」，應遺棄小兒，民間有願收養者，月支錢一貫米三斗，盡三歲止。其無人收養者，官爲雇倩貧婦就局乳視，惟謹續。有願子之者，從官請，仍給錢、米如式。〔註72〕

設立慈幼局的時間上，《宋史》是記載於淳祐九年（1249），但是地方志是記載淳祐七年（1247）設置，在此處是《宋史》記載錯誤。以袁甫在嘉定年間開創的嬰兒局爲濫觴，開啓遺棄嬰兒專門收容機構。理宗寶祐五年（1257）十一月下詔：「準省箚，奉御批。令天下諸州建慈幼局，必使道路無啼飢之童，務要民被實惠，公前所行，蓋與聖心默契矣。」〔註73〕

南宋在設置助養遺棄小兒，阻止殺嬰、溺嬰上面尚有舉子倉、慈幼庄的設立。福建山多田少，人口生存不易，溺嬰、殺嬰的情形層出不窮，趙汝愚於孝宗淳熙年間創設舉子倉，希望透過助養初生嬰兒的方式，避免殺嬰、棄嬰的情形持續出現。眞德秀也於寧宗嘉定十年（1217）創設慈幼庄，皆透過助養方式避免遺棄小兒和殺嬰。黃震更在任職江西常平倉司其間張貼〈曉諭

〔註69〕〔清〕徐松《宋會要輯稿》，食貨68／110，嘉定四年七月二十七日條

〔註70〕〔元〕脫脫《宋史》，卷43，淳幼九年正月癸亥條〕，頁840。

〔註71〕〔元〕脫脫《宋史》，卷421，〈常楙傳〉，頁12596。

〔註72〕《咸淳臨安志》，收入《宋元方志叢刊》，卷88，頁4174-1。

〔註73〕《開慶四明續志》，收入《宋元方志叢刊》，卷4，頁5970-2。

遺棄榜〉[註74]，榜文中說明雖有慈幼局，是實際上所養的人都已長大成人，超過法定十五歲的限制，因此希望透過他人收為商店中的使喚、買賣人有欲收為協助販賣的副手，有宗族親友欲收養，或者民間各種職業願意收養為養子。黃震在榜文中透露他並不贊成慈幼局繼續承辦，認為應恢復舉子倉，透過助養的方式，在嬰兒尚未被丟棄之前，給予其父母補助，更勝於丟棄之後官府再來收哺。但這都是屬於助養的部分，在此並不多加贅述。[註75]

　　南宋雖然有很多零星的詔令，針對災荒遺棄小兒的收養，提出呼籲或者放寬收養的方法。更有官員透過對治理地區的觀察，對於兒童收養提出建議，而朝廷在面對這些建議時，多半同意施行這些因地、因時制宜的地方賑濟措施，同意在當地或者一定期間內施行，雖然詔令與奏議繁雜，但也顯出宋朝政府對於兒童收養問題的關切。

　　以下將統計源於《宋史》、《宋會要輯稿》、《宋大詔令集》、《宋刑統》、《慶元條法事類》

表 1-3-1　宋朝皇帝發布收養相關法令次數表

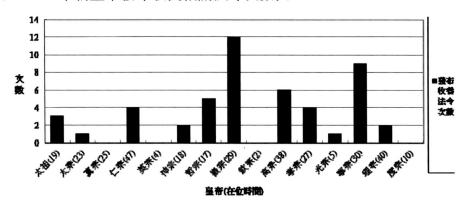

[註74]　《黃氏日鈔》，卷 79，頁 9～10。

[註75]　在楊宇勛《取民與養民：南宋的財政收支與官民互動》，（臺北：台灣師範大學歷史研究所專刊，2003）頁 424～436。當中闡述有關慈善事業慈幼方面介紹宋朝陸續施行保育嬰幼兒的辦法，認為趙汝愚所創設的「舉子倉」、真德秀創設慈幼莊、袁甫創建「嬰兒局」等介紹極為詳盡。在此不加贅述。

表1-3-2 宋朝皇帝發布收養法令年平均次數表

皇帝	太祖	太宗	真宗	仁宗	英宗	神宗	哲宗	徽宗	欽宗	高宗	孝宗	光宗	寧宗	理宗	度宗	總計
在位年	19	23	25	47	4	18	17	29	2	38	27	5	30	40	10	334
發布次數	3	1	0	4	0	2	5	12	0	6	4	1	9	2	0	49
年平均次數	0.16	0.04	0	0.08	0	0.01	0.29	0.41	0	0.16	0.15	0.2	0.3	0.05	0	0.14

（只計到小數點下第二位）

　　根據圖示可以看出主要與收養相關法令，在北宋延續唐代以及五代的法令做基礎的奠基，再到仁宗時有所成長，徽宗朝擴大之法律，多在神宗與哲宗朝就已確立。

　　再根據年平均次數的發布，可知徽宗朝發布收養相關法令的頻率與其發布的次數成正比，是所有皇帝中發布次數最多的一個。次數第二頻繁的為寧宗，寧宗朝對收養的再次重視，其他大於平均值的有太祖朝、哲宗朝、高宗朝、孝宗朝，光宗朝雖大於平均值但因其在位期間較短，發布一次，僅能說是剛好在這個期間頒布相關的規定。從次數顯示在北宋太祖於建國時，因戰亂之因，加上政府剛剛從戰火中建立，立基不穩，因此百姓遺棄小兒的情況較為嚴重，稍稍大於平均值，可能是對於此一情形的解決。而第二波大於平均值的落在哲宗朝，根據法令內容，哲宗朝對於收養法令的確立，是為徽宗朝的法令打下基礎。而徽宗朝終於攀上顛峰，法令頒佈及收養法律中擴大年齡收養、臨時收養、官方機構收養等法令皆延續哲宗朝的收養法，並由地方收養規定擴大到全國，但因政府大力推廣，有利可圖，因循苟且的情形，以致徽宗朝雖對於收養法律及兒童收養福利權益擴大，間接造成國庫的空虛。

　　南宋在高宗朝站穩腳步後，為樹立良好政府形象，展現政府愛民如子政治形象，卻無法如徽宗朝那樣的擴大收養規模、收養年齡。僅在徽宗朝的基礎上面，適度的縮減，收養法未超越徽宗朝的法令。因此在南宋剛站穩腳步的高宗朝和孝宗朝，維持對於社會收養遺棄小兒的法律規定，一樣有對於戰亂遺棄小兒的安撫情形，無法養育不舉子的情形下令阻止，針對收養達到平均值。

南宋兒童收養最具突破的要點在於立法設置專門的收養機構、下達助養專門的法令，從地方的嬰兒局、舉子倉、慈幼莊，再到都城以及各大城市設置慈幼局，最後擴展慈幼局到全國各大城市以及次級城市正是在寧宗朝，南宋初年外，高於平均值的頻繁發布法令次數，下詔的法令是針對專門收養機構的建立，下開明、清慈幼局濫觴。〔註76〕更在法令上面延續前代對於殺、棄嬰兒的規定。對於殺嬰、棄嬰皆有所限制，且不斷的重申其害。但因舉證困難，地方官府深知民間貧民會施行殺嬰、棄嬰一法，實有難言之隱，往往睜一隻眼閉一隻眼。因此，殺、棄兒童的情形仍然相當嚴重，尤以東南沿海山區，養子不易，殺女嬰實恐將來付不起嫁妝，殺男嬰多因沉重身丁錢無法負荷，大量榜文曉諭及禁止殺嬰、棄嬰不斷的重複，殺嬰、棄嬰的情形雖明令禁止，仍無法改變其風俗，只能透過收養棄嬰、胎養、助養等方式減輕貧乏之家負擔以活嬰兒之命。

〔註76〕根據梁其姿在《施善與教化——明清的慈善組織》對於育嬰堂、善堂的介紹，
包含部分宋朝在此方面的慈善活動，有助於了解宋代在這一類慈善活動中。
說明宋朝慈幼局奠定了明、清善堂與與育嬰堂的基礎。

第二章　除籍附戶──絕嗣與戶絕下的收養

　　兒童收養在宋朝的討論，學者已有大量的學術論文產生，不論是專書中的篇章或者單篇論文，針對收養兒童所產生的權利義務問題、收養的手續、收養之後所衍生的問題都有顯著的成果出現，本章為整理前輩學者的文章，分成兒童收養的方式不同而有不同的名稱、權利義務，權利義務方面則針對為養家與養子兩方面做探討。

第一節　承繼宗祧：抱養、立繼與命繼

　　宋代承襲著對於家族延續的觀念，希望透過各種方式將家族的每一個支系將家族世代傳承下去。多數學者認為承繼香火，延續血食是中國開始發展養子制度最重要的開始。

　　但是柳立言在〈養兒防老──宋代的法律、家庭與社會〉[註1]一文中提出收養還有一個重要的目的是養兒防老，在文中提出收養女兒和入舍婿等情況，認為收養子孫不僅為繼嗣，更希望將來能老有所終。為達到養兒防老的目的，收養成為一種手段。得到子孫供養之前，須通過「除附」法定程序收養之後，成為法定父母和子女，盡其義務之後，法律也規定養子需負擔的責任。

　　而透過不同的收養方式，分成抱養、立繼和命繼等三種不同的繼承方式，

〔註1〕柳立言，《宋元時代的法律思想和社會》，頁331～371。

根據收養方式的不同，權利義務也不盡相同。以下分述之。

一、抱　養

　　抱養子的出現主要是由父親生前所抱養之鬢了，抱養子的出現有兩種，一種是同姓抱養，符合「昭穆相當」的同宗子弟，一種是異姓收養的抱養子，要符合三歲以下異姓養男的規定，女子不在此限。所謂的抱養子，由養家的男性被繼承人生前完成抱養手續，承認爲合法的繼承人身份，其在法律上的地位等同於親生子女。

表 2-1-1　抱養案例表

	篇　名	時　間　點	判決（判官）	來　源
1	生前乞養	被繼承人生前抱養（南宋）	生前抱養合法，不得再由長輩命繼（趙汝騰）	《清明集》卷8，〈戶婚門·立繼類〉，頁245。
2	父在立異姓父亡無遣還之條	被繼承人生前抱養（南宋）	勘驗生前抱養三歲以下小兒得實，母不許飛理遣還養子歸宗（胡穎）	《清明集》卷8，〈戶婚門·立繼類〉，頁245。
3	母在不應以親生子與抱養子析產條	母抱養後又親生子	使抱養子與親生子在和爲一家，家產已分不計，但恢復同居共同侍養母親（翁甫）	《清明集》卷8，〈戶婚門·分析〉，頁278。
4	夫亡而有養子不得謂之戶絕	被繼承人生前抱養三歲以下異姓小兒，死後其妻招接腳夫，知縣官判戶絕	生前已養子，不爲戶絕，將官府所到戶絕產歸還被繼承人妻子。（葉武子）	《清明集》卷8，〈戶婚門·戶絕〉，頁272。
5	樂縣尉絕戶業助和糴榜	生前抱養養女，死後養女已出嫁，官爲立繼	官爲立繼（命繼）財產均分，出寄養女得錢一萬貫（黃震）	《黃氏日鈔》卷78，頁36～40。
6	僧歸俗承分	生前抱養異姓子，叔出家後歸宗。	兩分田產，以絕家族之訟，雖異姓子，生前抱養，自從妻在從妻之條。（翁甫）	《清明集》，卷4，〈戶婚門·爭業下〉，頁138～139。

　　案例一當中丁一之無子，於生前抱養王安之子爲自己的兒子，當時此子未滿三歲，合於「其遺棄小兒年三歲以下，雖異姓，聽收養，即從其姓。」的限制。雖非遺棄小兒，但本處的判官趙汝騰也指出，生前抱養其年齡在三

歲以下合於法條。

　　案例二中提到只要生前抱養異姓在三歲以下，即從養家之姓，依親子孫法。可知生前抱養子孫所得到的法律地位與親生子相同。同時有親生子與抱養子，則抱養子較少具備繼嗣身份。生前抱養同宗昭穆相當的養男，較容易被確立繼嗣地位。但亦有立異姓養男爲繼嗣的情況。一般立異姓養男爲繼嗣者，在被繼承人死後，容易受到其他人覬覦財產，或者，不願異姓養男得到繼承地位的家族同仁，藉由證明法律程序不足，例如未完成收養程序、官憑驗證未明（官方發給的證明文件有僞造、揩改等情況）以及被收養者在收養之時已超過三歲爲由，告官說明其身份不合法，需遣返原生家庭，改由族中合於昭穆相當的遠房親戚繼嗣。鄭文寶無子，而養元振以爲子，雖然未經過「除附」的程序，時本案判官胡石壁認爲鄭文寶親戚鄭逢吉已經稱呼元振爲姪子，有事實上的關係證明其地位是得到被繼承人認可。族人皆知他們的事實關係。因此鄭文寶之妻、元振的養母想將元振以非理遣還本生家庭，則不合法。元振仍屬異姓收養，易紊亂血緣關係，逢吉認爲非同族不足以延續血緣的純正性。胡穎建議他們在於同宗當中選取一名「昭穆相當」之人與元振並立。可見雖然生前收養係確立法律地位其如親子孫，但卻不一定具有「繼嗣」資格。

　　案例三當中，陳文卿妻吳氏已抱養陳厚爲子，而後又親生二子，陳謙、陳寅，然而陳母使三子別籍異戶，當抱養子陳厚變賣繼承財產，又告官謂其不經母親同意及變賣財產，最後判官認爲陳厚係因環境所需被逼變賣家產，且其母在，也同意析家，陳厚才得以變賣家產，因此認爲錯不在陳厚。而延續中國以家和爲貴以求家族和睦，使三子能重回一戶，並且將之前所析之產整合，平均分給三子。可證實生前抱養子其在財產上的法律地位，確是等同於親生子。

　　在案例四當中很清楚的提到何謂「除附」：

> 此謂人家養同宗子，兩戶各有人戶，甲戶無子，養乙戶之子以爲子，則除乙戶子名籍，而附之於甲戶，所以謂之除附。彼侯四貧民，未必有戶，兼收養異姓三歲以下，法明許之即從其姓，初不問所從來，何除附之有。若只謂丁昌養子，合申官附籍則可耳。然法亦有雖不除附，官司勘驗得實，依除附法之文。〔註2〕

〔註2〕《名公書判清明集》，卷 8，〈户婚門・立繼類・户絕〉「夫亡而有養子不得謂之户絕」，頁 272。以下簡稱《清明集》。

除附若爲同宗，從甲戶被收養到乙戶，則須在甲戶的戶籍上除名，然後附籍到乙戶的戶籍上面。如果爲收養異姓遺棄小兒三歲以下養子，蓋其被遺棄，三歲以下蓋不知其身世來由，何以除籍？因此只需確認其確爲遺棄小兒，且年齒在三歲以下，向官府申辦附戶的程序，附籍得實後，得到官府所發的「除附公據」〔註3〕以爲公憑。就算未申官附籍，若官司勘驗得實，則依據除附法辦理，認可其收養的身份合法。可見在宋代除籍附戶是屬於既成事實即得法律承認，不論是事先申請，或者事後認證，只要勘驗得實皆可以依法辦理。

根據案例四，丁昌之妻阿甘在其死後納接腳夫，生前已抱養一名三歲以下年齒之子，該縣知縣不明「除附」之意，而將丁昌家作戶絕，拘沒其業，奪其妻兒之業。判官指出按戶令「寡婦無子孫幷同居無有分親，招接腳夫者，前夫田宅經官籍記訖，權給，計值不得過五千貫，其婦人願歸後夫家及身死者，方依戶絕法。」〔註4〕法律亦未明文規定，不得以抱養之子續前夫之嗣，同時又召接腳夫，且丁昌之業不過二百餘貫，沒有超過法律權給的份額，得留存其前夫之產，但未說明其生前抱養子身分如何處理？可能通過阿甘代管前夫產，待抱養子長立係將財產歸還。

抱養尚有一事需注意，抱養包含男、女。只要符合生前抱養就擁有與親生子相同的法律地位。案例六當中，一女樂妙聖原爲樂宅家中幹人徐順十歲女聖姑，在過繼給樂誼之後，改名妙聖，並且曾經冒稱爲縣尉的親生女兒，且已嫁人，在法理上面是屬於「出嫁女」，依《宋刑統》卷十二〈戶婚律·戶絕資產條〉：「有出嫁女，三分給與一分，其餘並沒官。」。〔註5〕

按法，養女與婚生女相同，同具繼承財產之權，但該女曾冒稱爲樂縣尉之親女，依戶絕資產條中闡述：「空有女，已出嫁者，令文合得資產。其間若有心懷覬望，孝道不全，與夫合謀有所侵奪者，委所在長吏嚴加糾查，如有此色，不在給予之限。」〔註6〕照令三分給一，如有其他在室女，則與其他人合分這三分之一，如有兩位則一人合得六分之一。

〔註3〕《清明集》，卷8，〈戶婚門·立繼類〉「嫂頌其叔用意立繼奪業」中特別提到「除附公據」，頁261。而在《清明集》卷八〈戶婚門·立繼類〉「後立者不得前立者自置之田」中也特別提到，收養立嗣，經官「除附給據」。頁271。

〔註4〕《清明集》卷8，〈戶婚門·立繼類·戶絕〉「夫亡而有養子不得謂之戶絕」，頁272。

〔註5〕〔宋〕竇儀，《宋刑統·戶婚律》，卷12，〈養子立嫡門·戶絕財產〉，頁198。

〔註6〕〔宋〕竇儀《宋刑統·戶婚律》卷十二，〈養子立嫡門·戶絕財產〉，頁198。

是故應得之數本爲兩萬貫。但因該女曾經冒爲親女，親女可以繼承在喪葬費用及其他相關費用之後的所有餘款，所以在這一點上面有虛僞不實的情況，如因此點認爲其有不孝或與夫謀奪財產的嫌疑，照理是不能得到任何財產的。然考慮到縣尉並無其他親生子女，對其疼愛有加，故可能希望他死後可以給予其財產以順其心，前述既有冒稱親女之情事，故將其應繼份減半而成一萬貫。而李淑媛則提出唐宋出嫁女戶絕法限親女繼承之規定，認爲養女妙聖沒有繼承權，但因其受樂縣尉所鍾愛，故特給一萬貫與之，在此處判官是考慮到死者個人意思表示而適度的調整財產分配，因此依照李氏之說法，妙聖之得產其因爲官方解讀之遺囑法得財。

養女在法律地位上與親女還是有所區別，最大的不同點在於「出嫁女」的部分。出嫁親女被出，還歸其家，其繼承財產權力與在室女同，然而養女就無特別說明，此權力很可能僅限於親女。

按照上述的例子可知，生前抱養是通過被繼承人的意思表示，或者繼承被繼承人意思表示之人的肯定，因此與異姓兒童收養方面，只要符合律文規定，其責任、權力與親子孫相同。

二、立　繼

根據《清明集》〈戶婚門‧立繼類〉「命繼與立繼不同」中提到：「立繼者謂夫亡而妻在，其絕則其立也當從其妻。」〔註7〕立繼係指的是被繼承人過世，妻子仍在生，家中無子嗣，由寡妻立繼一子繼承的方式。爲使戶絕之家不斷香火，宋代法律特立立繼之法。中國傳統的想法中，夫妻爲一體，認爲妻子可以充分的體現亡夫的意思表示，且由寡妻選取同宗昭穆相當之人立繼或收養三歲以下異姓養男，有一個最大的考量點，在於收養之後，如若養男長大，需負起照顧養母之責，因此，如果不能順養母之意，則何以爲繼？

表2-1-2　立繼案例表

	篇　名	時　間　點	判決（判官）	資料來源
1	已有養子不當求立	被繼承人死亡，由其妻立繼遺棄子	立繼爲夫亡妻在，則從其妻，收養三歲下異姓小兒同祖之事勘驗得實，且其叔欲立己子爲其姪嗣，顯不合同宗昭穆相當之法，判決阿陳收養同祖爲孫，房族尊長欲立之人不合法，不得成立。（葉巖峰）	《清明集》卷7，〈戶婚門‧立繼〉頁214

〔註7〕《清明集》卷八，〈戶婚門‧立繼類〉，「命繼與立繼不同」，頁266。

2	雙立母命之子與同宗之子	被繼承人之妻已立三歲以下緦麻以上異姓親，經家族告官又並立同宗之子	收養之易姓子無過失，不得擅自出其家，乃令其妻阿毛當廳選立一同宗昭穆相當之子，雙立母命之子與同宗子。伺候，同宗之子與其所出家之母趕逐養母及收養子，官判同宗之子與母命之子公同撫養養母，若同宗子再聽本生母教唆，則只立母命之子，所分之產，亦交付母命之子掌管。（通城宰書擬）	《清明集》卷7，〈戶婚門‧立繼〉，頁217
3	乞爲生父之嗣奏	因其伯父無嗣而過繼。	今其伯父已有子延嗣，而其本生之父反無繼嗣，故欲回本生家	《宋會要輯稿》，禮志36／15，熙寧二年十一月條

　　案例一中阿陳爲張養中之嫂，欲立遺棄子爲孫，然張養中卻欲立己子亞愛爲嗣，判官提出：「在法：戶絕命繼，從房族尊長之命。又云：夫亡妻在，則從其妻。」、「諸遺棄子孫三歲以下收養，雖異姓亦如親子孫法。」據廳驗實收養異姓養孫的情況適合法，且養孫與亞愛實際上昭穆並不相當，因此判決阿陳收養得當，張養中所陳不合於法度。在判官的認知當中，夫亡妻在的法律效力在任命立繼上面是大於由房族親長的命繼。

　　且在案例二中，黃延吉之妻毛氏立表姑廖氏家次子法郎爲子，名曰黃臻，此處合於緦麻以上親異姓者與人養，三歲以下即從其姓。雖無除附之據可憑，曾經假託是其夫生前抱養想要取得合法地位，但是事實證明爲夫亡後立，因此引發族屬尊長認爲家族中有昭穆相當之子孫不收養，而改收養外姓之子，雖爲緦麻以上親，但其順位不及同宗昭穆相當之子孫。判官與此案中認爲雙方各有其道理，考慮到家族和諧，也認可夫亡妻立之立繼準則，雙立母命之子與同宗之子爲繼嗣之人。但在同宗立繼之子，仍須挑出合於昭穆相當的子姪人選，由毛氏選取，可見即便受到親屬的壓力不得不雙立繼嗣，然而立繼的權力仍掌握於夫亡之寡妻身上。

　　立繼與抱養雖有其分別，但是因其都是經過被繼承人及承繼被繼承人眞實意思表示的妻子所立定的，所以抱養子與立繼子在家族中的基本地位相同。

三、命　繼

　　命繼係是指夫妻俱亡之家無子嗣，由丈夫近親屬指定嗣子繼承。依《清明集》卷八〈戶婚門‧立繼類〉「立繼與命繼不同」：「命繼者爲夫妻俱亡，則

其命也當爲近親尊長。」〔註8〕命繼有兩個條件，其一，繼絕者需爲同宗昭穆相當之晚輩，其二爲要家中尊長所立。

　　命繼也是最容易產生糾紛的立嗣方式，因命繼之權力是掌握在族中近親尊長，所以如若有不同意見，就容易產生立嗣的鬥爭。以下就案例討論之。

表 2-1-3　命繼案例表

	篇　名	時　間　點	判決（判官）	資料來源
1	生前抱養外姓歿後難以搖動	由祖母和寡妻立繼異姓，族長則責其違法，認爲應該要通過家族會議命繼	收養合法，爲爭產所帶來的繼承問題，故將權力還歸祖母及被繼承人之妻。（吳革）	《清明集》，卷7，〈戶婚門‧立繼〉，頁201。
2	兄弟一貧一富拈鬮立嗣	被繼承人死後由家族房長命繼，但兩者爭爲富者之嗣	爲使一家和氣，定之於天，乃不相爭，透過焚香拈鬮定之（吳革）	《清明集》，卷7，〈戶婚門‧立繼〉，頁203～204。
3	吳從周等訴吳平甫索錢	透過房長立繼確認之後，又心生不平，訴方索錢。目的在透過官司，准許其欲立爲繼絕之人成功	當廳焚香拈立確認繼絕之人，將所訴錢產三項錢，撥入軍學，添助修造。（吳革）	《清明集》，卷7，〈戶婚門‧立繼〉「吳從周等訴吳平甫索錢」，頁204～205。
4	探鬮立嗣	被繼承人死后，家中因有贅婿，不曾命繼，透過他案爭鬥家財。	透過家中房長選昭穆相當之人命繼。其財產與贅婿平分，使贅婿與所立之子供養尊長（吳革）	《清明集》，卷7，〈戶婚門‧立繼〉「探鬮立嗣」，頁205～206。
5	宋故安人劉氏墓誌銘	以父命（家族房長）之命出繼	劉氏之夫周池向朝廷請以父命出繼叔氏，逮夫人入門時，所生所後父母具無恙，夫人朝夕往來奉事。	《梁谿集》，卷170。《全宋文》，卷3766，頁293。

　　如於案例一中，即家中祖母與其寡妻已立緦麻以上親之外姓爲嗣，但族中長輩在八年後又指其違法，有違同宗有昭穆相當之人而立異姓爲後，因此希望能夠通過命繼的方式改立同宗之子爲後。然此處的判官認定此處非法，並不是養子之過，且當立之時未訴其違法，八年後始控訴，有不當之處。而在案例二中，有兩兄弟皆須繼嗣，弟秀發家富、兄瑞之家貧，則其弟容之子慧孫與詠之子寄孫皆欲立爲秀發之子，不願立爲瑞之子，各自指陳對方，然而皆無經官除附之憑，蓋爲家族支脈續其宗，改爲親屬之情誼，然人爭利，

而家族無寧日，判官判處兩方焚香拈鬮，斷之以天，一人爲瑞之嗣，一人爲秀發嗣。以止息家族紛爭。案例三中判官吳述齋點出：「凡立繼之事，出於尊長本心，房長公議，不得已而爲人後可也。今儒其衣冠，乃欲爭立於官司已斷之後，爲義乎？爲利乎？」亦判處當廳焚香拈力後來決定。案例四中也一樣爭立爲富貴之家之子，甚至透過對於其他訴訟企圖逼迫命繼之事成立。此處判官吳革命親屬當廳劃宗枝圖拈鬮決定，將財產均分兩立之子孫，並分一份給予贅婿。以均分之法、拈鬮命之於天，平息財產糾紛。

可見遇到難斷之家務事，名公仍須訴求於天，才能服眾人之口。另在〈樂縣尉絕戶業助和糴榜〉中，命繼的決定者爲判官黃震，雖可能有樂誼家中長輩默許，敘述中並無交代，主因在黃震是考量樂家在當地地位、聲望，所以做出的權宜之計，而所挑選的繼絕人選，除合法之外，考量樂縣尉的身份；在法，樂文炳確實爲樂誼家中同宗的晚輩，先除去同宗已承繼他人宗祧的樂困，據法一人不能承二宗。而且家中有長輩，在黃震均分之法下，亦同意此處理方式。同事摒除樂公奭由鄉長保明但在服屬之外且年歲又不合的人選。在情，考量到樂縣尉就算是個小官，仍爲一名士人，因此選擇略通詩書的文炳，而非開染店的文明。

然而雖然生前抱養、立繼、命繼等有所區別，實際上有其交錯重疊的用法，重點在於透過收養的方式，確立其養子的繼嗣身份，以延續其血食。不論是依照何種方式，收養子孫都比須遵守以下的基本限制。

一、在《宋刑統・戶婚律》養子條規定要立繼須「同宗於昭穆相當者」。〔註9〕假使同宗皆無符合資格的子孫，亦可收養三歲以下異姓養男。即立繼需要符合同宗且昭穆相當的條件才能完成立繼。如若爲異姓收養，則需要在三歲以前就已經完成除附收養異姓養男始得承認其地位。或者合於緦麻以上親，異姓者與人養，三歲以下即從其姓。爲使家族香火得以延續，有緦麻以上親血緣關係但非同姓之人，只要合於異姓收養三歲以下，亦得繼嗣。

二、不得立身份不相當的人爲子。雖宋代沒有唐代身份法的限制，但在社會上仍有階級差異，如主僕之間，雖未硬性規定不得收養僕人之子爲養子。然在《清明集》〈戶婚門・立繼〉「不當立僕之子」中：「名分所在，百世不易。以寧亦何忍以僕之子爲弟之子，非特辱其弟，辱其叔，亦自辱其身，

〔註9〕〔宋〕竇儀，《宋刑統・戶婚律》卷12〈養子立嫡門・戶絕資產〉，頁193。

而上辱祖先矣。」〔註10〕可見在判官的想法裡面，身份別也是立繼的考量之一，透露出傳統士大夫對於不同階級收養的想法。考慮到若收養階級不同的人爲養子，在士人的想法中有自取其辱的意味，所以並不樂見這樣的情形產生。但是在《樂縣尉絕戶樂助和糶榜》中，樂縣尉收養家中幹人之女養女。可見其階級的限制還是在繼承血統的男性繼承人身上才會考慮到階級的問題。

　　三、不可以一人爲兩家之後。爲避免過繼之後，還有養子爲了貪圖其他宗族的錢財而非眞心爲死者成嗣，兼祧二家，如發現有此一情事，則需別行選立。在《清明集》〈戶婚門・立繼〉「不可以一人而爲兩家之後別行選立」中，吳登雲已過房爲季五子，在季八死後又想爲季八之後，不過是爲了貪圖其財產，並非眞心想爲死者承繼宗祧，此處的判官吳恕齋譴責吳登雲的行爲。判決別行選立親房之中同性昭穆相當之人爲季八繼嗣。〔註11〕

　　四、爭立者不可以立，立繼之目的爲被繼承人承繼宗祧，代行被繼承人照顧家中其他成員的責任，然而若是透過爭執的手段成爲立繼子，則在過程中難免與家族成員有所衝突，若順利立繼，則容易引起家族不和睦，也無法對養母盡孝，對近親友愛，家族的和諧是需考量的重要要件。在《清明集》當中有一案例，判官爲葉巖峯，案例中張介然有三子，介然身故，其妻劉氏尚存，其長子張迎娶陳氏，早喪而無子，劉氏持家有道，家中大小維持和睦。但有一族人張達善認爲自己合於昭穆相當，想要繼嗣於張迎，並且狀告官府以爲承繼。被繼承人母親劉氏雖年老但卻不願立張達善，提出的理由有三：
（一）張達善隨生母嫁鄭醫，被鄭氏抱養，繼嗣鄭家，而也有官憑爲證。（二）張達善原爲張自守之子，有兄長全老在外不歸，死於淮甸，則其本家已絕戶，如果張達善要繼嗣，應繼嗣本家而非張迎。（三）法律規定、立嗣合從祖父母、父母之命，若一家盡絕，則尊親族尊長之意。今張迎之母劉氏尚在世、其妻陳氏也在，不經其二人同意，而持族長張翔道之狀以爲當立。並且通過自畫宗枝圖妄想進入宗族屬內。且利用訴狀誣陷親戚，迫使立繼成功。如果繼嗣，將來一定會謀奪財產、無法盡到孝養長輩之責，破壞家族和諧，故判官判處立繼之權，悉從劉氏之意。張達善堪杖八十。〔註12〕判官考慮到立繼

〔註10〕《清明集》，卷7，〈戶婚門・立繼〉，「不當立僕之子」，頁207。
〔註11〕《清明集》，卷7，〈戶婚門・立繼〉，「不可以一人而爲兩家之後別行選立」，頁208。
〔註12〕《清明集》，卷7，〈戶婚門・立繼〉，「爭立者不可立」，頁211～212。

與家族和諧之間的關係，所以才有這樣的判決。

　　五、年齡的限制。根據宋孝宗隆興年間（1163～1164）的法令：「在法：無子孫，養同宗昭穆相當者，其生前所養，須小於所養父之年齒，此隆興勅也。勅令所看詳，則為母所養者，年齒亦合小於所養之母。」〔註13〕具法，收養如果在父亡之前，則其養子需小於父親的年齡，如果是為母所養者，則需小於母親之年齡。這點在今日的民法中也有相似的規定，根據《中華民國民法・親屬篇》第一千零七十三條，收養年齡限制：

　　①收養者之年齡，應長於被收養者二十歲以上。但夫妻共同收養時，夫妻之一方長於被收養者二十歲以上，而他方僅長於被收養者十六歲以上，亦得收養。

　　②夫妻之一方收養他方之子女時，應長於被收養者十六歲以上。

現代法律考慮到收養者與被收養者之間的年齡也是收養後撫育的重要關鍵點。而在宋代的律法也注意到此一要點。但此處的年齒僅僅指的是年齡，但前提是需符合「同宗昭穆相當」，在昭穆已經確立的情況下，限制年齒雖不見得能夠達到現代法當中對於養父母與養子女之間年齡差別之限制。已經注意到此點的宋律也是值得讚許的。

　　六、規定收養同宗昭穆相當之養子，若要完成析戶的除附，需年滿十八歲以上。具《唐令拾遺》〈戶令・子孫繼絕析戶〉條中敘述：「諸以子孫繼絕，應析戶者，非年十八已上，不得析。其年十七已下，命繼者，但於本生籍內。注云年十八然聽，即所繼處，有母在者，雖小亦聽析出。」〔註14〕同時在《宋會要輯稿》太常禮院上奏：

　　元豐三年（1081）三月二日，太常禮院言：「國子博士孟開乞以姪孫宗顏為嫡孫。據令，無子者聽養同宗之子昭穆合者，又曰子孫繼絕應析戶者，非十八以上不得析上，則是有以孫繼祖者矣。又晉侍中荀顗無子，以兄之孫為孫。請如開所乞。」從之。〔註15〕

具唐令的規定，子孫通過立繼、命繼的方式繼承絕戶，要從本生家庭除戶出來者，需要養子年滿十八歲才得以過繼，但若為命繼者，有養母需要照顧，則可聽其析出，以盡身為養子的責任。

〔註13〕《清明集》，卷7，〈戶婚門・立繼〉，「雙立母命之子與同宗之子」，頁220。
〔註14〕仁井田陞，《唐令拾遺》，〈戶令・子孫繼絕析戶〉，頁143。
〔註15〕〔清〕徐松，《宋會要輯稿》，禮36／15，元豐三年三月三日條。

於元豐三年（1081）三月三日太常禮院的上奏，國子監博士孟開，曾乞請立嗣上奏臣僚，也提到子孫繼絕需十八歲以上才得析戶的規定。

四、命繼養孫

一般而言，收養子女，在昭穆相當的情形之下，不會有養孫的出現，養孫是代位繼承的人選，若平輩分家產，養孫得代位繼承已故知被繼承人財產，宋朝政府便無法得到戶絕產。對家人是多一人分財產，對政府則是失去戶絕產。另養孫多半是隔代教養，其直接撫養人多是家族中的爺爺、奶奶輩，雖可透過家族的共同教養，在傳統中透過家族力量的協助，容易忽略此一教養問題。

就宋朝法律上而言，收養養孫，只要合於昭穆相當，是合法且被承認的收養關係。從唐代開始即有這樣的規定，宋代仍延續此一收養規定。在〈雙立母命之子與同宗之子〉〔註16〕也指出：

> 勑令所看詳云：如生前未嘗養子，夫妻俱亡，而近親與之立議者，
> 即名繼絕。若夫妻雖亡，祖父母、父母見在而養孫，或夫亡妻在而
> 養子，各不入繼絕之色。竊詳法意，謂夫妻俱亡，由祖父母、父母
> 立孫，無祖父母、父母，由近親尊長命斷。

則若夫妻俱亡，也可透過祖父母、父母之身分收養孫以繼嗣，如果沒有祖父母、父母，同宗有昭穆相當之孫輩願意出養，可透過近親尊長命繼其繼嗣身份。然而養孫也有其限制和規定，雖養孫是一個緩衝之法，不合乎禮制亦不得養孫。具《宋會要輯稿》政和三年（1113）閏四月二十七日，戶部尚書劉昺言：

> 有旨，王彥林以弟彥通與叔母宋氏為繼絕孫。今戶部員外郎蓋佁議，
> 彥通用元豐中孟開以姪孫宗顏為嫡孫例，事體明甚，大理寺官皆以
> 為允，獨寺丞吳瓌異議。竊以為深文刺骨，離於人心者非所以為法，
> 膠執拘滯泥於故常者非所以為禮。法不違於人情，禮故可以義起。
> 君子者法之原，必本于平恕；聖人者禮之制，莫尚乎變通。不明禮
> 法之本原而欲絕人之世，豈先王之用心哉？孔子曰：『繼絕世，天下
> 之民歸心焉。』蓋以其無後而絕，故繼之也。若祖自有子，又嘗娶
> 婦，方得養孫，或有子未娶而亡，亦不得養孫，則天下之絕世將不

〔註16〕《清明集》，卷7，〈戶婚門‧立繼〉，「雙立母命之子與同宗之子」，頁220。

可勝計。以是爲禮法，不亦可乎？蓋佽議是。若如瓖議，則元豐孟
宗顏、紹聖劉守信二家，皆可追奪產業。數十年之間，天下之養孫
者，不惟世守其先疇，或已經蔭補，若行此議，則鄉里姦民倚法搔
擾，長告訐之風，起爭競之俗，非所以綏靖四方也。若曰使皆有繼
續，則天下遂無戶絕。夫法有養子、養孫，蓋慮天下有絕滅之家也。
戶絕財產，所得幾何？政和元年，諸路戶絕錢萬餘貫而已。使皆知
立後，遂無戶絕，一歲雖失萬餘緡，聖主之所樂爲也。〔註17〕

最後朝廷從其上奏，則從本條上奏中可知，養子、養孫最主要的目的，是爲
能使天下無絕滅之家，時雖戶絕產爲政府收支和緩衝財政拮据經費的來源，
但若站在人性的角度，宋朝政府以戶絕產協助政府公益事業的產業，若強以
戶絕，可能顯出宋朝政府與民爭利而罔顧人性。〔註18〕

養孫需符合的條件。其一，祖自有子，又當娶婦，方得養孫，其二，子
未娶而亡，亦不得養孫。養孫的條件具備需要由祖父母、父母或近親尊長爲
已娶妻但夫妻俱亡之宗，收養養孫，以繼承其血食。如若其子生前未娶，則
不能爲其立養孫繼嗣，本條認爲，若未娶而亡者皆不得養孫，則天下絕戶之
家將大增，因此雖法有明令，但仍得網開一面爲未娶而亡者收養養孫，使戶
絕之家減少，國家財政雖有所失，也會有養孫之訴的爭訟情形產生，仍希望
能透過降低養孫要求的限制，減少天下之家戶絕。以體現國家之仁政。

李淑媛在《爭財競產——唐宋的家產與法律》中也指出，北宋命繼孫的
特色，在有許多官員上奏命繼兄長與姪弟之孫，如上述中所提到的個案王彥
林、元豐時孟宗顏、紹聖時劉守信之家，皆因繼絕繼承戶絕產，往前追奪產
業，則數十年間的養孫個案都遡及既往，則官司不斷，無法收拾，李氏認爲
本文將宋代對於養孫的看法顯現，認爲恩蔭補官是於命繼孫的特例，而有兩
方的爭議，因爲繼絕子不僅可以繼承財產，也可以繼承恩蔭補官。因此對於
宋朝政府而言，命繼孫是一個利少弊多的措施。〔註19〕能否成立命繼孫在朝
中大臣間形成兩派意見。茲整理成表格如下：

〔註17〕〔清〕徐松，《宋會要輯稿》，禮36／16，政和三年閏四月二十七號條。
〔註18〕在《清明集》〈立繼類·戶絕〉「夫亡而有養子不得謂之戶絕」一篇中判官葉
　　　　憲指出林知縣不識戶絕之意，而「官司亦惟利是嗜，不顧義理，不照法令，
　　　　便從而沒奪之，幾於上下交爭矣。」可見透過官司以戶絕產爲其地方財政的
　　　　一大補助，不可謂不多。頁273。
〔註19〕李淑媛，《爭財競產——唐宋的家產與法律》，頁124～125。

表2-1-4　許立命繼孫意見表

代表者	（贊成派）蓋佗、大理寺官	（反對派）大理寺丞吳璪
意見	1. 戶絕之家，得以繼絕。法理不外乎人情，使人皆知立後，聖王之所樂為也。 2. 已繼絕之家須追奪產業，易起爭訟。 3. 已蔭補之官追回，易生告訐之風，爭訟不已。 4. 政和元年諸路戶絕錢萬餘貫而已。	1. 須祖自有子，又嘗娶婦，方得養孫。若未符合條件，則違法。 2. 戶絕產可減緩國家財政困難 3. 蔭補官員造成國家冗官。

　　本篇奏摺爭論戶絕之家是否許立近親為繼者？而正好案例中王彥林以其族弟彥通過繼與叔母宋氏為繼絕孫，因此引發爭議討論命繼孫之爭議？而贊成、反對派別皆各自成理，其原因在於立場不同，贊成派以戶絕之家為考量點，以禮法、聖王之制為論點。且以政和元年戶絕錢數目之實際例子，認為命繼孫之繼絕合法為合情合理的。但反對派是站在官方法律、財政的角度，認為命繼孫有其法律需遵守，若不遵循即是違法。且命繼孫所帶來的附加弊端，會對國家財政造成衝擊，且冗官的數量也會因為准許繼絕而增加，勢必對國家財政也有影響。但從實際例子來看，政和三年（1113）奏摺所論之王彥林案、元豐（1078～1085）孟宗顏案、紹聖（1094～1098）劉守信案，朝廷皆同意繼絕合法成立。從此點看來，宋朝政府在面對這些特例多遂官員所願，養孫所造成的後續問題，宋朝政府了然於胸，然因政府仁政愛民形象問題，多半同意命繼養孫的奏請，這些都只是朝廷同意的特例，事實上更多的是依法不同意的例子。

第二節　收養撫育：養家對養子的責任

　　收養子孫，除了透過收養的方式繼嗣之外，也有收養親人孤苦無依的子孫，因此養家在收養之後，對於所收養的養子、養女除有道義上的責任，同時負擔起養子女的人生，待到養子女有能力可以對養父母負起責任之前，養父母也有必須盡到責任，養子女根據收養方式的不同而有不同的權力，因此養父母對於養子女，有照顧、嫁娶、財產繼承、避免養子女對家族帶來傷害等等的責任。

一、撫育成人嫁娶有歸

收養他人之子女，不論是收養異姓或者同姓昭穆相當之人，既然負擔起父母的責任，在子女長大成人之前必須負擔起照顧其安全的長大的責任。待其長大之後為其選取良好的家室或丈夫，使其一生無虞。

表 2-2-1　收養家之相關責任

	篇　名	時　間	照　顧　內　容	來　源
1	故戶部侍郎致仕彭公行狀	咸平三年（1000）～熙寧三年（1070）	撫宗族有恩意，外姻孤女，收視如己子，為擇善士而嫁之。	《河南程氏文集》，卷4。同治《廬陵縣志》卷52。《全宋文》卷1736，頁352
2	韓獻肅公絳中弼之碑	大中祥符四年（1011）～元祐三年（1088）	公撫養孤貧，雖旁宗疏屬，皆仰嫁娶衣食。	《名臣碑傳琬琰集》，上卷11。《全宋文》卷1718，頁73
3	仁壽趙夫人墓志銘	天禧二年（1018）～元豐二年（1079）	養孤卒子數人於家，恩義無所間。	《忠肅集》，卷14。《全宋文》，卷1682頁178
4	朝議大夫賈公墓誌銘	天禧四年（1020）～元祐四年（1089）	凡兄子姪無遠近不能自養者教養之，女貧無以嫁者嫁之，仕宦可以官其子，推與族人者四。……而弟妹子孤者十餘人，教養嫁娶無一不得其所。	《西臺集》，卷13。《全宋文》，卷2404，頁145
5	朝散郎費君墓誌銘	天聖四年（1026）～元豐三年（1080）	凡晨昏服臘之費，諸兄皆仰給焉，以至辦其婚嫁，酬其死喪，收恤其孤悍，如此者三十年。	《淨德集》，卷24。《全宋文》，卷1613，頁105
6	單氏夫人墓誌銘	慶曆元年（1041）～政和二年（1112）	至於問宜親戚，拊養貧族，嫁遣孤女，沛然若有餘力，而實無旬月之積。	《摛文堂集》，卷15，頁14～16。《全宋文》，卷2941，頁294
7	故朝奉大夫渠州使君季公行狀	皇祐三年（1051）～大觀四年（1110）	具微鰥居窮巷，父子以疫病相繼而死，公為買棺瘞之，又育其二女，備禮擇婿而嫁之。	《溪堂集》，卷10。《全宋文》，卷2876，頁252

8	安人王氏墓誌銘	皇祐三年（1051）～宣和六年（1124）	長令人之亡，諸幼累累肩差，朝夕孺慕，人不甘其擾，安人為收育撫攜，甚於及子。	《浮溪集》，卷28。《全宋文》，卷3394，頁384。
9	孫書權墓誌銘	熙寧四年（1071）～大觀四年（1110）	同母兄俞氏夫婦亡，無子，君收育其孤女如己女。當行，又擇士以嫁之。	《道鄉集》，卷35。《全宋文》，卷2846，頁50
10	義養子孫出離所養之家事詔	元祐七年（1092）三月甲辰	義養子孫合出離所養之家而無姓可歸者，聽所養之姓；若同居滿十年，仍令州縣長官量給財產，雖有姓而無家可歸者，準此。	《續資治通鑑常編》，卷471，頁11254。《宋會要輯稿》，食貨61／61
11	宋故左通直郎致仕劉君墓誌銘	元祐八年（1093）十月	其族人且死，有屬其孤於君者，君愛養教誨之如己子。	《安徽南陵縣文物管理所藏碑》（此篇為安徽生博物館盧茂村供稿并標點）《全宋文》，卷2787，頁184
12	宋故令人傅氏墓誌銘	紹聖三年（1096）～紹興十八年（1148）	翁有養子喜逋蕩，數以遊博破貲聚，翁怒笞責，令人在旁涕泣營解，既免而後止其後斥遣，則食飲錢帛賙之，終其身如一日。	《鴻慶居士文集》，卷40。《全宋文》，卷3496，頁130
13	永寧縣君李氏墓誌銘	大觀三年（1109）十月	夫人幼孤，鞠於其叔父母。年十八，適御史君。	《雞肋集》，卷68，頁7。《全宋文》，卷2746，頁145
14	郴州張使君鋼墓誌銘	紹興七年（1137）～嘉泰三年（1203）	富人高氏所養子十年不歸，別命繼矣，前子聞高病始來，未三月高死，反訴立繼不當，漕符州右其說，州追對復避匿。君謂久去驟來，又捨喪次，復執不可。……其弟亡，教育其孤，使有成立。	《平園續稿》卷34。《全宋文》卷5190，頁106
15	孫君墓表	紹興十一年（1141）～慶元五年（1199）	姊是里中胡氏，夫婦皆早卒，君撫孤，恩意甚備，不幸其孤又早夭，君亦哀憐之，復為立後	《渭南文集》，卷39，頁14。《全宋文》，卷4952，頁263

16	乞下有司更賜參訂遺囑財產條法奏	紹興三十二年（1162）	近降指揮，遺囑財產，養子與贅婿均給，即顯均給不行誤。若財產滿一千五百貫，其得遺囑之人，依見行成法，止合三分給一，難與養子均給；若養子、贅婿各給七百五十貫，即有礙遺囑財產條法。乞下有司，更賜參訂戶部看詳，諸路州縣如有似此陳訴之人。若當來遺囑田產過於成法之數，除依條給付得遺囑人外，其餘數目，盡給養子；如財產數目不滿遺囑條法之數，合依近降指揮均給。」從之。謂如遺囑財產不滿一千貫，若後來有養子，合行均給，若一千貫以上給五百貫，一千五百貫以上給三分之一，至三千貫止，餘數盡給養子。	《宋會要輯稿》，食貨 61／66
17	乞下有司更賜參訂遺囑財產條法奏	紹興三十二年（1162）	近降指揮，遺囑財產，養子與贅婿均給，即顯均給不行誤。若財產滿一千五百貫，其得遺囑之人，依見行成法，止合三分給一，難與養子均給；若養子、贅婿各給七百五十貫，即有礙遺囑財產條法。乞下有司，更賜參訂戶部看詳，諸路州縣如有似此陳訴之人。若當來遺囑田產過於成法之數，除依條給付得遺囑人外，其餘數目，盡給養子；如財產數目不滿遺囑條法之數，合依近降指揮均給。」從之。謂如遺囑財產不滿一千貫，若後來有養子，合行均給，若一千貫以上給五百貫，一千五百貫以上給三分之一，至三千貫止，餘數盡給養子。	《宋會要輯稿》，食貨 61／66
18	洪氏孺人墓誌銘	慶元元年（1195）	暨其卒，有庶女二，己子撫之，為澤佳室以歸。伯氏以毀繼姐，其室他適，其孤二收育，其男女雖皆其母住，孺人顧恤撫存，皆不殊己生，人尤以為不易。	《江湖長翁集》，卷 35，頁 7
19	羅彥節墓誌銘	未載年月	初，彥節之父經國兄弟五人，皆早世，曰：廷璋、敏仲、和叔皆無子，曰仁仲有子三人，經國有子二人。祖母嘗有命以三孫繼絕，分田惟均。既而有難之者，彥節曰：「使其父、叔夫不祀，而多以田自畀，於心安乎？」眾而後定。撫其孤姪如己子焉。	《誠齋集》卷 126，頁 14～15。《全宋文》卷 5370，頁 239～240

| 20 | 夫人劉氏墓銘 | 未載年月 | 見到旁棄一女子方晬，雍數以歸，夫人鞠爲己子，既長嫁之。 | 《誠齋集》，卷132，頁 8。《全宋文》，卷5376，頁328 |
| 21 | 故光錄寺丞致仕張君墓誌銘 | 未載年月 | 仲父爲一女，早失怙恃，君撫養勤，至爲納贅婿，分產與之如昆弟。 | 《淨德集》，卷26。《全宋文》，卷1613頁115 |

上述的例子中包含許多墓誌銘，雖然墓誌銘當中有較爲讚揚死者的成分，但所呈現出來的行爲，也代表著當士大夫認知中收養他人之子女，應承擔的責任。第一，撫育其長大成人，能夠對待收養的子女視如己出，這一點是比較難以做到的部分，通常是其子姪如己子，也就是出現在同宗昭穆相當的收養，而在案例 1、7、9、11、18、19、20 中都有特別提到撫育子姪如己子，撫育友人之女爲己女，照顧被收養遺棄小兒如同己女。甚至出現對養子的照顧超過了對親生子女的照顧，姑且不論其背後是否有原因，但能夠對於養子提供足以生存下去的飲食和照顧是養家最首要的責任。

分析其原因，過繼給養家的人，第一類爲同宗昭穆相當之人，基於同宗情誼，不忍養家絕嗣而出繼，故養家自得於出繼家前爲表率，其子會受到更好的照顧。第二類是同宗昭穆相當之人，出繼家中經濟狀況不佳，出繼給養家希冀出繼子獲得更好的生活。第三類才爲異姓收養，而異姓收養不見得是繼嗣收養，其中包含收養友人家中孤兒、收養遺棄小兒、以及抱養三歲以下異姓小兒。不一定經過官府的除附以確立彼此的關係，透過實質照顧的收養可能存在的案例更多，而收養的目的，包含立嗣、撫育宗族無告之孤、撫育友人遺孤或是純粹慈善活動。

第二，爲之嫁娶，長大成人之後首要的便是成家立室，身爲養家，爲其養子女尋找適當的配偶，使其有所歸，也是養家要負擔的責任，在案例 4、5、6、7、10、12、13、14、20、21，在 21 例當中有 10 例提到要爲養子女成家立室，10 例當中，僅有一例是提到爲養子娶妻，而其他九例皆爲收養之女尋找合適的對象，可以看出，在墓誌銘當中，爲女兒尋求一個歸宿，是養家的最後一個責任，雖女兒也可透過贅婿的方式延續家族，但普遍情形多收養繼嗣養男以承繼宗祧。因此，養家責任是使男有室，女有歸，是養家爲第二個應付起的責任。

第三，教育子女，對男子的教育，讓其學習聖人之書，通過科舉考試以

光耀門楣，同時榮耀的養家和本生家庭，因此，士大夫對於子姪以及宗族的教育，也是他們認爲必須爲養子所做到的責任，生而後能養。養而後能教，教育其孔孟聖賢之道，使其不僅懂得孝悌忠信，能做到爲人應盡的本分。甚至在案例六，通過科舉考試，登第後仕官，更是學有所成，對於士大夫而言也完成就故人託孤的責任。

　　女子教育方面沒有多提到，至多爲習字，間或稍具閱讀背誦詩書能力，學習刺繡女工、持家之道、婦人之德，使其具備爲人妻室的能力才是女子教育的重點。但此處的教育，僅限於上層士大夫家族對於子女應盡的義務，這是在士大夫眼中必須強調對於子女的教育。但是在一般養家，多半跟隨家中家中長輩學習家中活口的相關之事，以承繼家中事業，例如務農、家中有幾分薄田可餬口。因此，使養子學習生計，也是養家需要負擔起責任。而在女子方面，需向家中婦女學習爲人妻室能力，具備基礎的洗衣，煮飯能力，不能給予養女受到習字的教育。

　　第四，如若養父爲朝中大臣，養子也具備蔭官的身分，養家會給予養子補蔭官職的機會，根據案例七中提到：「仕宦可以官其子，推與族人者四。」而收養的養子也得以蔭補官員。

　　第五，提供姓氏，若同居十年以上，有姓而無家可歸者，量給財產。據《續資治通鑑常編》中提到：「義養子孫合出離所養之家而無姓可歸者，聽所養之姓；若同居滿十年，仍令州縣長官量給財產，雖有姓而無家可歸者，準此。」不論是收養三歲以下遺棄小兒或者三歲以下異姓總麻以上親，都有提到「從其姓」，給予其相同的姓氏，即便必須出離之時，如若無姓，養家也必須提供其姓氏，讓養子女得其姓，不使成爲無姓之人。也考量到同居十年以上，雖有姓而無家可歸者，蓋其十年間居於養家，本生之家不得歸或本爲孤遺小兒，無處容身，雖從養家出離，但養家也因考慮到其活口的問題，量給財產，使其能夠暫時不虞匱乏。

　　綜上所述，養家對於養子女教育具有擇偶責任，不論是士大夫之家或尋常百姓之家，只不過能提供選擇的職業類型、身份等級不相同。

二、財產繼承

　　在法理上三歲以下收養遺棄小兒、總麻以上異姓親，同親子孫法，無論是否經過除附，法律上比同親生子女，使養子女在被收養的同時具有從養家

得到財產的權利，養家如有家產，也透過繼承方式給予養子女一定的財產，養男透過對於抱養、立繼、命繼子身份的不同，區分其應繼份，而養女則由養家出其嫁資，以作為身為女子亦子的應繼份，然而在宋朝不僅是區分養子身份而給予不同的應繼份，對於女子也有其繼承的應繼份，如若遇到戶絕、被繼承人遺囑問題，則其應繼分又有所改變。而僅有一子繼份當然無爭議，但當有多子共同繼承財產時，則改採諸子均分之法。

（一）立繼子與抱養子之財產應繼份

立繼子法理上來說等同親子孫，因其得到夫亡妻在的妻子之立繼，同親子孫法，而抱養子，更是得到被繼承人的同意，於生前抱養，只要驗證得實，及具有同於親子孫的權力，因此在財產的分析上來說，應得的繼份為全部。但當生前雖以抱養、立繼，但後有親生子，則其財產採諸子均分之法。則在《清明集》當中的「母在不應以親生子與抱養子析產」中以親生二子與其夫陳文卿生前抱養之子以母命別籍異財，以均分之法分與三子。〔註 20〕同樣在《清明集》當中的「以出嫁母賣其子物業」一案中，其夫生前乞養一子，曰紹祖，又親生二子，曰：紹高、紹先，及女曰：真娘。其夫師言死後，徐氏將夫業分做五分，乞養子一分，而己與親生二子自占四分，時判官蔡杭亦以為條法未具，蓋因其母之偏愛，也加諸不孝罪名於抱養子。以做成分產之由。〔註 21〕按事實上具法，立繼者依子承父份法與親生子同，當舉其產以與之。因此，若無其他原因，全得被繼承人財產，如有未嫁之女仍須將其嫁資先行劃分，或俟後以立繼子之產為其置辦嫁資。另特殊繼份，尚有被繼承人留存的蒸嘗田，以供被繼承人祭祀之用，以及其妻子養老之用。

（二）命繼子之財產應繼份

《清明集》中「命繼與立繼不同」的再判中，指出命繼者於無在室歸宗諸女，只得家財三分之一。又根據戶令所說，如果繼絕之家立繼絕子孫，即由近親尊長命繼者，及絕家財產，若只有在室諸女，則以全戶四分之一給之，若只有歸宗諸女，給五分之一，若只有歸宗諸女，依戶絕法給外，即以其餘減半給之，餘沒官，只有出嫁諸女者，即以全戶三分為率，以二分與出嫁諸

〔註 20〕《清明集》卷八，〈戶婚門‧分析〉，「母在不應以親生子與抱養子析產」，頁 278～279。
〔註 21〕《清明集》卷九，〈戶婚門‧違法交易〉，「已出嫁母賣其子業」，頁 296。

女均給於一分沒官。〔註 22〕以下參考前輩學人論著，製表說明命繼子、在室女、歸宗女、出嫁女在戶絕的情況下，其不同的財產應繼份額。

表 2-2-2　命繼子應繼份表

情　　況	命繼子應繼份	在室女應繼份	出嫁女應繼份	沒　　官
僅有命繼子	三分之一	X	X	三分之二
命繼子與在室諸女	四分之一	四分之三	X	X
命繼子、在室諸女、歸宗諸女	十五分之三	十五分之八	十五分之四	X
只有出嫁諸女	X	三分之一		三分之一

根據《清明集》中「繼絕子孫只得財產四分之一」，案例當中田縣丞有二子：世光、登仕，並抱養一子珍珍。而世光死後，遺留二女，通仕以其子世德繼世光後，判官劉克莊具法判給世德四分之一，而以四分之三與世光二女，但其女尚幼，官為檢校以待其出幼，並許留存四分之一以為珍郎、秋菊與二女，為登仕香火之奉。〔註 23〕亦有案例中立繼絕之子一人伴哥，而有幼女七娘和一女秀姑（被擄數年後回歸），為歸宗女。因其財產未達三千貫，故以半哥繼絕，給四分之一，其餘三分，均與二室女為業。〔註 24〕

在宋代制定「遺囑財產條法」，已具有私有財產法律概念的法律地位，依《宋刑統》和天聖四年的〈戶絕條貫〉規定：「戶絕之家，若亡者遺囑證驗分明，並依遺囑施行。」戶絕財產的被繼承人，透過遺囑繼承對自己的財產進行自由意志處分，而不受到法定財產繼承比例限制，但是在實行上有一個限制，就是遺囑繼承不得超過三千貫之規定，這條規定時有時無，例如：嘉祐（1056～1063）時敕云：「財產無多少之限」，只要「財產別無有分骨肉系本宗，不以有服及異姓有服親，並聽遺囑，以勸天下養孤老之意。〔註 25〕」財產劃分不限於有血緣關係之人，即遺產處分不受法定繼承人及其繼承比例限制，也取消非法定繼承人最多繼承三千貫的限制，使被繼承人可通過遺囑完全處分自己遺產。

且遺囑繼承一般僅限於戶絕財產，但如果出現遺囑繼承和宗祧繼承相抵

〔註 22〕《清明集》卷八，〈戶婚門・立繼類〉，「命繼與立繼不同」，頁 266～267。
〔註 23〕《清明集》卷八，〈戶婚門・立繼〉，「繼絕子孫只得四分之一」，頁 251～253。
〔註 24〕《清明集》卷八，〈戶婚門・女承分〉，「處分孤遺田產」，頁 287～289。
〔註 25〕〔清〕徐松，《宋會要輯稿》，食貨 61／61，元祐元年七月二十二日條。

觸的狀況，考量裁量公平性，避免親屬或繼承人爭訟。〔註26〕

　　如案例〈樂縣尉絕戶業助和糶榜〉〔註27〕雖未有樂誼當事人意願出現的遺囑繼承文件，但是在分產時卻考慮到樂誼本人的個人意思表示，或者說是生前可能會有的意願，將部份財產分給出嫁養女。事實上是同樣考慮到死者個人意思表示的生前意願和整體家族繼承挑的考量。

　　雖為戶絕之家，家族中有血緣關係的不在少數，但繼絕之人僅有一人，考慮到家族和諧，依照各個家族和樂誼之關係疏遠，而大分豬肉，使得這塊大餅，人人有份，不至於因此而心生怨忿，從而又鬧上官司爭競產，反傷家族內和氣。按法，除立繼者或命繼者、在室女、歸宗女、出嫁女等實際或法定的直系血親外，或者同宗親姑因戶絕而得產，黃震將樂縣尉的財產在分與命繼者文炳之後，還將部分的產分與其他的近親屬。案例中提到樂公奭分與一千貫，鑑於其服屬已盡，由族長保明，且與樂文炳同到官，雖然不在立繼的範圍內，但係屬於親屬，且年以三十八，故量給一千貫，考量的點可能在避免日後家族爭訟，第二層考量可能是以樂縣尉戶絕財產照顧同族親屬。另外，繼絕的文炳的兄弟各得到一千貫，其依據之點為樂縣尉的同等親親屬，寄望以樂縣尉之戶絕財產同為照顧，為免抱憾故以與文煥、文明各一千貫。而實際上，因為長子身份和從事行業的理由，失去了繼承樂縣尉龐大財產的機會，二人內心可能心生怨憤，而對兄弟文炳有所嫌隙，故黃震此法，使他們亦可得部分財產，這樣一來，同樣照顧到文炳同宗的親屬外，亦維持了家族間的和諧。

　　另外繼絕旁支之子，因為樂十之子文郁，本欲以其惠孫為縣尉之孫繼絕，但於法須樂縣尉的下一輩都俱亡之後，才得以立孫輩為繼，後知其不可，自己引退，雖然繼絕不成，特給三千貫，其考量之點，在於文郁有以其子謀繼絕之心均分之法本是在同樣具有繼承身份的法定繼承人的分法上所產生，在戶絕之法上，本來繼承人是不該出現，但考量到家族和諧以及免除日後爭訟，這作法的確是適當的權宜之計，也可說是地方官在裁量權上面的優良展現。

　　南宋軍隊費用開支龐大，戶絕析產沒官的收入可以減輕地方官員稅收、維持地方庶務費用支出，在此案例更是解決黃震燃眉之急。

　　南宋中後期，戶絕財產沒官情由和數額日漸增多，以下為大略之情況。

〔註26〕參考魏天安，〈宋代的戶絕繼承法〉，河南：《中洲學刊》，2005：3。
〔註27〕《黃氏日抄》，卷七八，〈樂縣尉絕戶業助和糶榜〉，頁36～40。

〔註28〕

表2-2-3　戶絕之家命繼子應繼份

戶絕之家繼承人	繼子得	女　得	沒　官
命繼子＋只有在室女	四分之一	四分之三	X
命繼子＋在室女＋歸宗女	五分之一	五分之四	X
命繼子＋歸宗女	四分之一	八分之三	八分之三
命繼子＋出嫁女	三分之一	三分之一	三分之一
命繼子	三分之一	X	三分之二

　　透過法律區分養子女應繼份，給予養家適當比例，照顧家中族人和養子女。養家在各種情況下對於養子女照顧，體現收養子女之不易，收養撫育，需要負擔很多責任。從收養開始，負擔的就是養子女的人生，撫育其長大成人、於其長大成人之後，也要負責為其成家立室，為養子取得家室，為養女覓得良人，教育使其具備道德修養、生活能力、生活技能，使得養子能夠獲取功名，使養女能夠具備為人妻室的能力。

第三節　養子之義：養子對養家的義務

　　養子與養家之間是透過法律所創造的擬制血親，確認雙方之關係之後，養子可得到收養家的照顧，並且從養家得到相關的權利，故養子必須對養家負擔應盡義務。

　　除承繼宗祧之外，尚有必須對於養家的長輩盡孝道，不得擅用養家的財產，同時，為防範養子未盡義務，因此若養子未克盡義務時，養家可將其遣返歸宗。養子過繼給養家有其目的性，為財或為被繼承人之血食可以延續，都是其原因，但不論其原因為何？雙方親子關係既成立，養子對待養家則須如同親身子一般。

一、承繼宗祧

　　承繼宗祧是養子對於養家最重大的義務，必須延續其家族的血脈，是以「不孝有三，無後為大」，養子負擔起延續家中血脈的義務，則必須克盡其責。

〔註28〕趙曉耕，《宋代法制研究》，頁91。

如案例盧公達爲侍郎之孫，不幸無子，遂養同姓人盧君用子應申爲子。結果應申不肖，不但挾侍郎的餘蔭，在鄉里生事，更背起所養，從其所生，並且犯下許多案例，以其所做所爲，判官翁甫考量到父之所以生子者，爲其生能養己，死能葬己也。盧應申生不養公達，死不葬公達，何以爲子？判決盧應申仍舊歸宗，再則本宗昭穆相當之人爲其盧公達後。則因其作爲，無法做到承繼宗祧的義務，因此判決下令其歸宗。〔註29〕又如案例汪球與阿游有子五人，其中一子如旦與其妻阿周無所出，則於同宗昭穆相當之人選取一人繼嗣，其中符合資格的有汪慶安和汪堯㒞，原先令慶安出繼，但後訴訟中，阿游又再立堯㒞，謂慶安病患，恐將來不能承奉如旦香火，於嘉定九年（1216）三月狀中又謂慶安顛酒賭博，不治生業。嘉定十年（1217）再訴慶安兄很不肖，咆哮尊長。雖其案中爲堯㒞父如玉爲減輕家中養子負擔，而慇恚其母再立堯㒞。〔註30〕

　　同時，點出養子義務須能承擔香火，如若不能確認其得以延續香火，會排除原繼承人再選取嗣子。而在表格五中〈郴州張使君鋼墓誌銘〉中提到：「富人高氏所養子十年不歸，別命繼矣，前子聞高病始來，未三月高死，反訴立繼不當。」其養子十年不歸，除對養父無所養之外，也未負擔起對於整個家族應該負責的延續香火責任，直至富人高氏死，其子再回，欲得其家財，但十年間高氏早已另爲立繼，其養子身份蕩然無存。在案例中何氏訴其繼子石豈子不肖，不僅在其養祖父石韞玉與其父石居敬相繼亡歿之時，屍骨未寒，於小祥未除之日，當居喪讀禮之時，恣爲非禮之事，離家出走之後，連年不歸，母親派人尋返，則打罵僕人。並登門撓罵其母，指責母親，甚至持刀執棒進行家暴，判官在經房長驗實後，判決石豈子之行爲有傷風教，遣還所生父母。

二、孝養長輩

　　養子之義務爲孝養長輩，收養子孫除了有「承繼宗祧」的功能之外，尚有一功能爲「養兒防老」，避免自己在將來年老之時，無人養贍，故於年輕之時，收養子女，或者爲女而選取贅婿，孝養長輩是爲人子之義務，也是養子女必須遵守的禮教，如違者，養家得使其歸宗。

〔註29〕《清明集》，卷8，〈户婚門‧歸宗〉，「出繼不肖官勒歸宗」，頁276。
〔註30〕《清明集》，卷8，〈户婚門‧立繼類〉，「後立者不得前立者自置之田」，頁271。

表 2-3-1　養子未盡孝養義務案例表

篇　名	時　間	判官	忤 逆 內 容					結果	資料來源
			訴訟	辱罵	不服侍	盜用家財	不遵禮		
繼母將養老田遺囑於親生女	南宋	翁甫	✓	✓	✓	✓		小懲繼子	《清明集》卷五，〈戶婚門‧爭業下〉，頁141～142。
探闖立嗣	南宋	吳革	✓		✓			財產均分	《清明集》卷七，〈戶婚門‧立繼〉，頁205～206。
先立已定不當以孽子易之	南宋	吳革	✓		✓	✓		原諒繼子	《清明集》卷七，〈戶婚門‧立繼〉，頁206～207。
同宗爭立	南宋	韓竹坡	✓		✓			兩立繼子	《清明集》卷七，〈戶婚門‧立繼〉，頁209～210。
爭立者不可立	南宋	葉岩峰	✓		✓	✓		懲罰欲立之人	《清明集》卷七，〈戶婚門‧立繼〉，頁209～210。
雙立母命之子與同宗之子	端平五年（1234）	通城宰書擬	✓	✓	✓	✓		繼子一人歸宗	《清明集》卷七，〈戶婚門‧立繼〉，頁222。
出繼子不肖勒令歸宗	南宋			✓	✓	✓	✓	令其歸宗	《清明集》卷七，〈戶婚門‧歸宗〉，頁224。
出繼子破一家不可歸宗	南宋			✓	✓	✓		不得歸宗	《清明集》卷七，〈戶婚門‧歸宗〉，頁225～226。
遺囑與親生女	南宋	吳革	✓		✓	✓		原諒再犯責罰	《清明集》卷七，〈戶婚門‧女受分〉，頁237～238。
立昭穆相當人復欲私意遣還	南宋	王伯大		✓		✓		繼子留，香火有歸	《清明集》卷八，〈戶婚門‧立繼類〉，頁248～249。
出繼不肖官勒歸宗	南宋	翁甫	✓		✓	✓		官令歸宗	《清明集》卷八，〈戶婚門‧歸宗〉，頁276。

母在不應以親生子與抱養子析產	南宋	翁浩堂	✓		✓		已析戶之子重歸家	《清明集》卷八，〈戶婚門·分析〉，頁278～279。

　　根據表格可以歸納出幾點孝養父母應盡之義務，其一，需克盡孝道，若未盡到這些義務，情節較輕，情有可原者，官爲勸導，即便養祖父母、養父母有所不是，也不應有所怨懟，當心懷養家父母之恩，事必躬親，娛親歡喜。不得擅自辱罵、有違侍奉。收養繼子多爲同宗昭穆相當之子姪，蓋需思及其爲同源，對於養父母晨昏定省，如對其本生父母。如若爲異姓收養，則念其養家養育之恩，也需對養父母進行孝道，不得忤逆。

　　其二，不得破敗家產，蓋依《宋刑統》卷十二，〈卑幼私用財門〉：「諸同居卑幼私輒用財者，十匹笞十，十匹加一等，罪止杖一百。即同居應分，不均平者，計所侵坐贓論，減三等。」〔註31〕尊長在，卑幼擅用財者，則以坐贓論。其罪爲十匹笞十，十匹加一等，罪止杖一百。故其破敗家產，除違法外，尚使養家經年累月積得財產破敗，不能繼續養贍其子孫，是以一人之力，毀其養家之累產，爲養子之過矣。

　　其三，除對尊長孝養之外，須對家族盡心，不得利用官司告訐訴其族人以遂己之願，〈繼母將養老田遺囑於親生女〉，其養子透過告官以控其繼母將田產以遺囑交於其親女，縱有過失，可透過家中房長進行協調，以子之身分告繼母，不合孝道，破壞家族和平，不可爲之。判官最後雖點出其母之過失，也使繼子仍須孝養母親。〔註32〕〈同宗爭立〉一篇中，也透過對於長輩生病時的侍奉，使得長輩改立嗣子，雖嗣子盡了養子所盡的義務，但官府亦遂家中長輩之意，兩立立繼之子。判官也勸喻，雖教唆長輩立嗣之人有失，但若原嗣子，也做到晨昏定省，定時餵藥，是長輩心暢神宜，何以有雙立之事。〔註33〕

　　綜上所述，可知事實上養子女要做到的義務如同親生子女，最重要就是延續家族的血脈、孝養父母，使家族和諧，對於養子女雖然是義務，也是須遵守的規則，因爲親生子女縱有這些行爲，不能使其歸宗，但養家卻可以透過養子女行爲的不檢點、自生子而使養子女歸宗，可見養子女的義務，同時也是必須小心翼翼去遵守的規範。

〔註31〕〔宋〕竇儀，《宋刑統》卷12，〈卑幼私用財門〉，頁196～197。
〔註32〕《清明集》卷5，〈戶婚門·爭業下〉，頁141～142。
〔註33〕《清明集》卷7，〈戶婚門·立繼〉，頁209～210。

　　針對收養的方式的不同所出現的差異。透過對於抱養、立繼、命繼的區別，知道宋人對於收養在不同的時間點，足以形成不同法律效力，分別其不同。蓋抱養為生前抱養，具有被繼承人的完整意思表示，立繼為被繼承人死後由其妻子所立之人，夫亡妻在，妻可以表達被繼承人之意思，也選擇將來侍奉自己的人選，故生前抱養和立繼子都具有與親生子等同的身份。然而命繼則是由家中房長所立，希望承繼宗祧使家族能夠長久延續，較不能完整表達被繼承人的意思表示。故其雖為繼嗣卻不能夠得到完整的權力。收養關係的成立，必須透過「除附」法律程序，達到官方認可的收養關係。法不外人情，即便沒有得到除附確認的「公據」證明，只要能夠透過鄉里的證明，確認其身份得實，一樣可以承認其身份，但卻容易因「人證」的不可靠，產生許多爭訟。而其因收養的情況不同，最大的體現就是在財產繼承權上面的差異。

　　養家對於收養子女所應該負擔的責任，利用墓誌銘、詔令以及相關的法案，可知事實上收養子女，不一定是為承繼宗祧，有時候是出自於對於友人的遺孤照護或者慈善行為，從撫育其長大成人，使其可以健康成長，在成長的過程中透過教育教導其為人的道理、使其知書達禮，或者較為貧苦之家，則透過教導子女如何營生使其得以生活於世。而養家還提供姓氏使其養子女與養家能有同樣的歸屬感。待其長大成人在為其籌辦婚嫁，使其成家立室，繼續繁衍後代。待被繼承人去世之後，養子女孩可以依從其養家得到財產的區分，這也是養家對於養子女的照護，透過財產的繼承，使在被繼承人死後可以繼續得到庇佑，並且將這份財產繼續承繼下去。特別的是在宋朝，養子也可以透過養父母的身份，得到蔭任官員的機會。

　　養家收養子女，對於養子女盡到扶養的責任，則養子女也必須對其家族盡其義務。首要之務，便是承繼宗祧，養家祭祀不絕，得以繼續繁衍子孫。第二個任務則必須孝養養父母，對於養子女的義務要求，跟身為一個子女要對父母親的孝道無所差異，相差之點，不過非親生而已。因此，侍奉尊長、晨昏定省，事必躬親，都是必須的，且不得擅做破敗家產之事，以至破壞養家生計。如若違反這些義務，則養家有權力勒令養子女歸宗。

第三章　天災人禍──災荒與戰爭下的收養

　　宋朝政府在面對頻繁的災荒，百姓鬻子、棄子以求活命的情況下，設立收養機構，以提供困難貧窮的百姓一條活路。本章探討宋朝政府針對災荒及貧苦遺棄兒童所設立的收養、助養機構設置的情況、發揮怎樣的功效。其次，針對民間個人慈善活動，在兒童收養方面發揮什麼樣的功效？第三，寺觀等地方對於兒童收養又是扮演什麼樣的角色？對於兒童收養有什麼樣的助力？

第一節　官設收養機構

　　官方設置的收養機構，宋朝延續魏晉南北朝至唐朝時期綜合收養機構外，至南宋發展出專門的兒童收養機構，近似今日的孤兒院。收養機構的研究論著和文章，在前輩學人的努力之下，有相當顯著的成果，本節針對這些機構對於兒童收養的部分加以討論，結合地方志中各區域設置收養機構的情況，以地圖和表格呈現出宋朝這些收養機構的區域分布，並透過表格整理的方式，將這些官設收養機構作簡要的整理，以了解宋朝官設收養機構兒童收養的情形。

一、綜合型收養機構

　　綜合型的收養機構在梁武帝時就已出現，時設置孤獨園，不分男女老幼，收容救濟貧病。唐朝時期也以佛教為出發點，設立悲田養病坊，宋朝延續前

朝對於人民的照顧，也設置多所綜合型的收養機構，不僅在救荒時發揮作用，冬天賑濟以及平日救濟，都發揮很大的作用。

（一）福田院

佛教有所謂的「敬田」和「福田」，敬田提供僧侶修業時日常生活所需，而福田則是救濟貧苦所設，從佛教開展出來的概念，成就官設收養機構，而沿用此一概念，宋朝政府設置了「福田院」。〔註 1〕「福田院」位於北宋京師汴京，基於首都為國家首善之區，故提供較優渥的收養條件，使京師的居民不論承平時期或災荒時期都能得到適當照顧，連帶利用福田院的救助性質，協助救濟收養受災人民，其中包含從外地到京城尋求救助的災民。

表 3-1-1　福田院狀況表

福田院	時　間	經費	空間配置	收養人數	來　源
京師東西福田院	嘉祐以前（1056 前）	內藏錢左藏庫錢	未具	各 24 人	《續資治通鑑長編》，卷 199，嘉祐八年 12 月庚寅條
京師東西南北福田院	嘉祐八年（1063）十二月	內藏錢左藏庫錢	於英宗時下令增至四廂屋各50 間	各養 300 人為額	《續資治通鑑長編》，卷 199，嘉祐八年 12 月庚寅條

福田院宋初已有設置，剛開始給錢米者，僅有二十四人〔註2〕，專門收養老幼廢疾者，收養人數不多。後於仁宗嘉祐八年（1063）十二月，增置南北福田院，並擴大東西福田院收養官屋，各增至五十間，各院收養人數以三百人為限。福田院收養的人，包含老幼廢疾者，不能自存之人，官司保明之後，可入院居住。除平時收養之外，福田院也於冬賑時協助收養貧民。

表 3-1-2　福田院冬賑額外收養表

時　間	災害	經費	時　限	來　源
熙寧二年（1069）閏十一月二十五日	雪寒	左藏庫	至立春後天氣稍暖	《宋會要輯稿》，食貨 60／3。

〔註 1〕　宋朝的福田院設置的概念，以及延續自唐朝的悲田養病坊的概念，在王德毅《宋代災荒的救濟政策》第三章第二節，頁 89。以及在張文《宋朝社會救濟研究》第三章第一節，頁 162。都有清楚的說明。宋采義、豫嵩，〈宋代官辦的幼兒慈善事業〉，文中提到佛家認為行善可以得福報，猶如播種田地，秋天收穫。

〔註 2〕　〔元〕脫脫，《宋史》，卷 178，〈食貨上六・賑恤〉，頁 4338。

熙寧三年（1070）十二月八日	雪寒	左藏庫	春暖	《宋會要輯稿》，職官 37／9。
元祐二年（1095）十二月	雪寒	內藏錢	未具	《歷代名臣奏議》，卷 245，頁五上，范祖禹〈乞不限人數收養箚子〉
元符元年（1098）九月二日	奇寒	無具	未具	《宋會要輯稿》，食貨 60／3。

　　福田院為宋朝官方設置的第一個綜合型收養措施，僅限京師地區，收養老疾孤幼無依乞丐者。人數收養限制由二十四人擴展到三百人，並且擴大其收養官屋。

　　協助冬賑時收養乞丐之人，賑濟的方式提供住宿官屋外，根據福田院條，即福田院管理辦法，先看驗收養人確為乞丐無以自存之人，確認後記錄於簿冊，比照額內收養人之例，給與最低生活水平需求之糧食、衣物，直到春暖之後再申報中書省住支。〔註3〕京師福田院在綜合收養上，包含平時收養及冬賑臨時收養。北宋京師的綜合收養機構有別於其他地區，以居養院為名，因宋朝之初即已設立，並以「福田院」為名，王德毅認為崇寧年間「福田院」名稱改為「居養院」，但也有張文則認為福田院的名稱到北宋末年一直沿用。〔註4〕

（二）居養院

　　居養院與福田院同屬綜合型收養機構，收養老幼貧乏不能自存之人，福田院僅存在京師，居養院在北宋時期已發展到各地，這些機構普遍以居養為名。是以元符元年（1098）詔：「鰥寡孤獨貧乏不能自存者，以官屋居之，月給米豆，疾病者仍給藥。」〔註5〕視為居養法開端。

　　依淮東提舉司之請，於崇寧五年（1106）始以「居養」為名。〔註6〕在此之前，雖有居養院的設置，但沒有正式官方名稱，官方一直到崇寧五年

〔註3〕〔宋〕徐松，《宋會要輯稿》，食貨60／3，熙寧二年閏十一月二十五日條。

〔註4〕王德毅於《宋朝救荒政策》第三章第二節，頁90，提出福田院於崇寧元年改福田院為居養院。然而張文則在《宋朝社會救濟研究》第三章第一節，頁164～165，提出福田院一直沿用到北宋末年，認為至靖康二年北宋京師福田院仍以福田院為名。此處與兒童收養較無關係，僅提出其不同之論點。

〔註5〕〔宋〕徐松《宋會要輯稿》，食貨60／1，元符元年條。

〔註6〕〔宋〕徐松《宋會要輯稿》，食貨60／1，崇寧五年年條。

（1106）才詔令各地居養機構以「居養」爲其院名。〔註7〕各地居養初以「廣惠倉」爲地方居養之始。廣惠倉協助救濟時間點爲冬天，負責賑濟坊郭內貧乏不能自存之人，濟助方式，〔註8〕以下爲其流程圖解〔註9〕：

圖 3-1-1　居養、廣惠倉冬賑流程圖

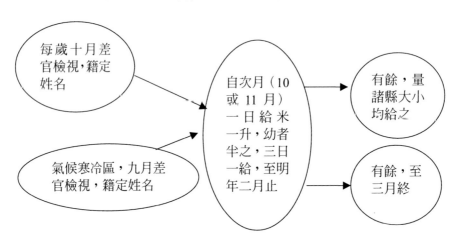

地方性居養除平時居養之外，冬賑期間發揮其綜合收養機構的功用。各地區居養綜合設施的設置，哲宗朝開始出現地方居養機構的設置，並在元符年間改以居養院爲名，徽宗朝地方居養院於政府大力推動下蓬勃發展。南宋居養院的數目，在站穩腳步後慢慢重建或創建，也有一定的建設數量。

〔註7〕張文，《宋代社會救濟研究》，頁 166。

〔註8〕「廣惠倉」是宋朝專門用來濟貧救恤的倉儲設施，設置時間點爲仁宗嘉祐二年（1057），普遍設於各地，設置目的主要是針對冬賑，災害急難救助以及平抑糧價。廣惠倉的研究可見金堀誠二，〈宋朝の冬季失業者救護事業について〉，《東洋學報》，1956：12。頁 1～26。王德毅，《宋代災荒的救濟政策》，頁 87～88。郭文佳，《宋朝社會保障》，頁 158～161。

〔註9〕參考〔宋〕李燾，《續資治通鑑長編》，卷 189，嘉祐四年二月乙亥條。〔清〕徐松，《宋會要輯稿》，食貨 68／128，熙寧九年十二月十五日條；食貨 60／3，元豐元年十二月二十五日條。依據上述資料製圖。

表 3-1-3　地區性綜合性收養機構設置表

名　稱	建立或重建時間	規模空間配置	創立、重建者	收養人數	管理人員編制	收養條件	經費來源	資料來源
開封居養院	崇寧元年（1102）		吳居厚			貧苦乞丐之人	戶絕財產	《宋會要輯稿》，選舉 25／15，政和六年十月十八日條
刑州、鉅鹿居養院	大觀二年（1108）已設					有收養孤遺小兒		《宋會要輯稿》，食貨 59／8，大觀二年八月十九日條
冀州	大觀三年（1109）已設					有收養孤遺小兒		《宋會要輯稿》，食貨 59／8，大觀三年六月二十八日條
鎮江府并丹徒縣	政和四年（1114）已設					有收養孤遺小兒		《宋會要輯稿》，食貨 60／6，政和四年二月一日條
成都居養院	政和七年（1117）已具	未具				含孤貧小兒		《宋會要輯稿》，崇儒 2／29，政和七年七月四日條
徽州居養院	紹興元年（1131）	兩蕪以居養濟者	徐誼			養孤老廢疾之民		弘治《徽州府志》，卷 5，〈恤政〉，頁 51
錢塘安濟坊	紹興十三年（1143）	近城寺院寶勝院			主守掌錢米	老幼貧乏不能自存者及乞丐之人，日支米 1 升 10 文，小兒半之。	管給錢米、官田收租，留倉米	《仁和縣志》，卷 7，頁 1～2
仁和安濟坊	紹興十三年（1143）	近城寺院善化坊 4 所			主守掌錢米	老幼貧乏不能自存者及乞丐之人，日支米 1 升 10 文，小兒半之。	官給錢米、官田收租，留倉米	《仁和縣志》，卷 7，頁 1～2

吳興利濟院	乾道年間（1165～1173）	屋27楹，田若干畝，歲租米323石	知州王回，慶元中曾鞏增益之	40餘人	僧行各1名主管收支	孤病貧乏老病之人	公田撥付，圭田3歲租入購置	《誠齋集》，卷125，〈提刑徽猷檢正王公墓誌銘〉，頁24～29
盧志居養安濟院	建炎（1127）以來廢，淳熙三年（1176）重建	設於社壇東。	陳峴、盧瑢				籍官民田1660畝，得米700石，有奇，官給歲用。	《平江城坊考》，附錄，頁5
西原庵	淳熙8年（1181）	西原菴	正崔眞人	1人耕出種樂	疾病老孤無所與歸之人	個人捐增	《晦庵先生朱文公文集》，卷79，〈西原菴記〉，頁2～4
常德居養院	淳熙九年（1182）以前	請鄉落寺觀分置	知常德府郭份		遠民之無告者		《晦庵先生朱文公文集》，卷92，〈岳州史郭公墓碣銘〉，頁1～4
隆興府養濟院	淳熙九年（1182）	院1所、長定1莊屋1區18間	知府錢佃、漕臣芮輝、趙汝愚		固定看守輪遣醫，工診視。	日給口食樂餌收養貧病無依之人	官員俸錢爲田1110畝，歲租983斛有奇	《宋會要輯稿》，食貨58／15，淳熙九年十二月十二日條。《晦庵先生朱文公文集》，卷79，〈江西運司養濟院篇〉頁12～14
平江城安濟院	紹熙元年（1190）	城西西南隅	提舉常平（張？）詹體仁				富戶捐田1120畝	《西山文集》，卷47，〈司農卿湖廣總領詹公行狀〉，頁31。《平江城坊考》，附錄，頁5
眞州居養院	慶元初年（1195）建，後於元二年1196）重建	初茅屋16間，增闊5尺圍牆擴爲2屋、2廈、8廡	提舉常平汪梓，金壇劉宰、鄭炤		門房專人啓閉		常平錢、公費之餘、市利錢	《漫塘集》，卷20，〈眞州居養院記〉，頁1～2

和州居養院	嘉泰元年（1203）	瓦屋 25 間，生活用具俱全	該路提舉韓挺	69 人，可存養 100 人。	僧行數名	日支米 1 升		《宋會要輯稿》，食貨 60／1，嘉泰元年三月十一日條
貴溪縣孤獨廬	開禧元年（1205）前		劉建翁					《水心集》，卷 18，〈劉建翁墓誌銘〉，頁 22～24
安溪縣安養院	嘉定三年（1210）	屋 14 間	安溪縣令陳宓		釋徒忠願者二人	貧困無聊之人	廢寺之粟歲以粥之	《全宋文》，冊 305，卷 6965，頁 211
建康府養濟院	嘉定五年（1212）重修，寶祐五年（1257）增修	城南北兩處爲屋 100 間，又有廢寺 1 處	守臣錢良臣、知建康府黃度、馬光祖	每歲 500 人，春稍汰，冬季增收 300	每三年以質庫息錢各度一僧掌之	窮民之流殍者，歲費米 1500 石，錢 2000 緡	常平米、府倉耗米，安撫司藥局息錢、公使錢	《絜齋集》，卷 13，〈龍圖閣學士通奉大夫尚書黃公行狀〉，頁 27
江州居養院	嘉定五年（1212）後	徙置城北 1 處重建	知州譙令憲			嫠婦孤兒別居	括絕產，置僦舍斂其租以給之	《西山文集》，卷 44，〈譙殿撰墓誌銘〉，頁 22
吉水居養院		爲屋 10 楹	吉水丞黃閔、常平使者	日贍 20 人不含安樂院		病而無歸者，別置安樂院	縣屬經費，常平歲給 50 斛	《洺水集》卷 7，〈吉水縣創建居養院記〉頁 54～56
泉山安樂院	寶慶三年（1227）前		知州陳峴			罷癃殘疾者		《西山文集》，卷 44，〈葉安仁墓誌銘〉，頁 18
明州養濟院	寶慶三年（1227）重修	矮屋 3 數間	守胡榘	日給 100 餘人		米 1 升錢 10 文；小兒減半		《寶慶四明志》，卷 3，收入《宋元方志叢刊》，頁 5023
蘇州廣惠坊	紹定四年（1231）	屋 70 程	守吳淵	額以 200 爲率		大人粟 105 升月錢 33 文，小兒半之	沒官田產，僧寺廢田，公財市民膏腴者。	《退菴遺稿》，卷下，〈廣惠坊記〉。《全宋文》，冊 334，卷 7686，頁 26～27

瀘州養濟院	紹定五年（1232）後		知瀘州眞德秀					《宋史》，卷437〈眞德秀傳〉，頁12957
修武養濟院	淳祐元年（1241）	安養院1區，屋3間	江湘	邑常趙漾、浮氏顯佐屠智專任灑掃	殘疾者、孤獨者、矜寡者	勝果寺田租析1/3以贍之。不足發縣廩以益之。		嘉慶《上高縣志》卷13，同治《瑞州府志》卷18。《全宋文》，冊346，卷7998，頁280
四明養濟院	寶祐四年（1258）	房屋70餘間	吳潛	鰥寡孤獨之民200人		大口月支米6斗、錢15貫；中口月支米5斗、錢時貫；小口月支米4斗，錢7貫	歲用米2000餘石、錢約6萬餘貫，由該府自行措置，就自來管淘湖米內分撥1000石	《許國公奏議》，卷4，頁10～11
明州廣惠院（與寶祐四年養濟院合併）	寶祐五年（1259）	屋1區共105間	吳潛	鰥寡孤獨瘖聾躄將溝壑者300人	行者1人掌灑掃	大口月給米6斗，錢10千；中口4斗，錢7千；小口3斗，錢5千	撥公田以充養贍	《開慶四明續志》，卷4〈廣惠院〉，《履齋遺稿》卷三〈養濟院記〉。《宋平城成坊考》，附錄，頁11
建康府實濟院	寶祐六年（1258）	有房室六十餘間，生活配備俱全	轉運使余晦	收養告乏之民100名為額		月支米6斗、錢20貫、一歲計米750碩，錢25000貫	賑惠庫解息、蕪湖縣寄納倉每歲耗剩米	《景定建康志》，卷23，〈廬院·實濟院〉，收入《宋元方志叢刊本》，頁1706
盧陵養濟院	咸淳元年後（1265）		何夢桂	歲可給40人			買田收租	《潛齋集》，卷9，〈盧陵養濟買田記〉。《全宋文》，冊358，卷8296，頁144

註1：表格之內容係根據張文，《宋朝社會救濟研究》，頁176～179之表格增補。

註2：張文已列舉之綜合型居養機構共14間，筆者根據地方志及相關資料增補為28間。並且查閱張文所列之機構資料來源，根據筆者所需增補。

圖 3-1-2 綜合收養機構區域圖

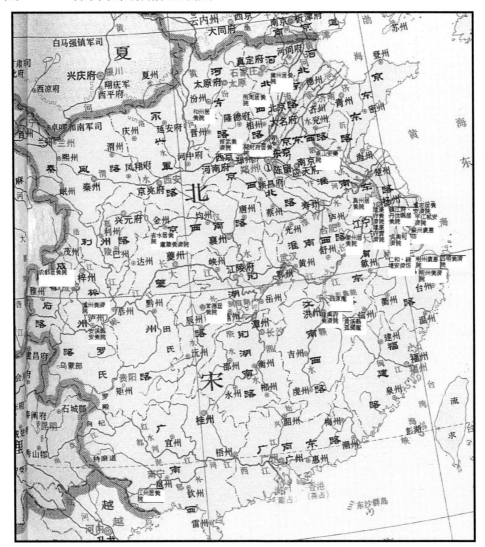

註：綜合收養機構的圖示根據譚其驤《中國歷史地圖集》第六冊，頁 3～4。地名也是根據地圖集中的地名圖示出大略的地點，大範圍區域性標示其所在地方。

　　綜合型收養機構設置記載，北宋記載筆數較少，雖政府下令設置居養機構，收養鰥寡孤獨無告之人，以活全民。

　　第一，官員主導。主導者多為當地官吏，多是當地的提舉常平司、知州、縣令等身份的人，當然也有富戶以自身的力量辦理。同時，當地官員創立居養院或將廢棄的居養院重建。擔任募集資金的工作，創設或重建的官員常會出俸錢、利用自身影響力募集人力，出錢也出力。也有居養院並非一任官員

設置完成，透過當地地方官員上級和下級共同協辦出資，以接力的方式完成居養院的設置，如建康府養濟院即以此種方式完成。〔註10〕

第二，收養限制。收養人的條件限制也以鰥寡孤獨老疾貧病之人為主，收養的人數則應當地機構的屋舍大小增減，輔以冬天賑濟的功能，如建康府養濟院在春夏時會減少收養的人數，以備冬賑時能收養更多人。〔註11〕

第三，收養配給。其收養的最低生活水平米糧，大體不脫出元符令，即大人日給 1 升，小兒減半，依其規定的配給米糧和衣物額度。各地根據集資的狀況以及能夠募得的款項，對於收養人的配給適當調節，因此收養配給各地的情況不同。

第四，收支、屋舍管理。管理收支和屋舍清潔的工作人員主要來自於寺觀的僧侶、道士及童行。此處可知到各地宗教團體對於公益事業都有協助的情形，是地方上賑濟一股極大的力量。

第五，分布普遍。據圖可知東南沿海地區設置情況普遍，一地同時設置多所綜合收養機構，例如建康府、明州及鄰近地區設置的密度相當的高，這些地方離首都較近，並且位於富饒的農業地區，富商、巨賈人、大地主較多，能夠有充足的經費來源。除外，偏遠的地區，也有綜合型的收養機構設置，宋朝綜合收養機構設置普及化，有效幫助貧乏不能自存之人度過困難的時期。

第六，經費來源。主要的經費來源，其一為戶絕田產，戶絕財產包含田地、房屋等提供收養機構的經費，包含廢棄的寺廟產業，並利用政府可運用閒置空間，作為社會福利所需。其二為常平錢米，利用常平倉的米糧，用部分的經費提供。為官府的經費，用官屋以及地方政府的經費，提出一定的比例購置田產收租，使經費來源不絕，或利用空置的房屋租賃，以其租提供經費。其三，富戶、官員捐增個人田產、錢米，地方寺、觀的住持除提供人員協助管理外，也有捐增寺廟產業以作為收養機構使用的。

綜上所述，宋朝地方設置綜合型收養機構已經有非常豐碩的成果，從收養的員額、管理的人員、提供的配給以及能用永續經營的經費來源，都能看到有詳細的記載，更有甚者，綜合收養機構也有自己的管理施行辦法，例如

〔註10〕《景定建康志》卷 23〈廬院‧養濟院〉，《絜齋集》，卷 13，〈龍圖閣學士通奉大夫尚書黃公行狀〉，頁 27。

〔註11〕《景定建康志》卷 23〈廬院‧養濟院〉，《絜齋集》，卷 13，〈龍圖閣學士通奉大夫尚書黃公行狀〉，頁 27。

徽州、建康府、和州、淳安、明州、蘇州等地，都已經有明確的管理施行細則。姑且不論奉行過當的情況，這些機構能夠大量設置，宋朝對於收養鰥、寡、孤、獨、無告之民的照護，的確有一定的成效。

三、專門收養機構——慈幼局／幼局／慈幼庄

南宋後，開始出現專門兒童收養機構。這些機構空間設置、區域劃分、收養措施、收養員額、以及照顧被收養兒童條件，前輩學者透過細部史料討論已有豐碩的成果，此處筆者利用表格及地圖，呈現南宋專門收養機構情形。並且依分別依表格內容包含設置時間、創建或重建者，實際收養照顧情形，經費來源，收養機構的管理行政，以及庶務人員配置討論宋朝專門型收養機構的設置。搭配地圖說明宋朝專門型兒童收養機構的實際設置狀況。

首先就南宋「慈幼局」等官設收養機構的表格示意，由此可以看出，南宋專門兒童收養機構的實際運作狀況。

表 3-1-4　南宋慈幼機構狀況表

名 稱	時 間	創者或重建者	收養配給情形	收養機構人員	經費來源	來　源
嘉興遺棄小兒錢米所	隆興二年（1164）	鄭作肅	募乳嫗收養之月給米 1 石，7 歲而止，立條目收養辦法	專職乳婦，醫官 2 員	公使錢、本州收糴單糧	《嘉興吳興志》卷 8,〈公廨〉,《宋元方志叢刊》, 頁 4727
嬰兒局	嘉定末年（1224）	袁甫	問清其何所來，真棄兒也。月給之粟。約可食 80 人	擇嫗 5 人，為眾母長，醫者 1 人→2 人	告常平使者捐官田 130 畝	《蒙齋集》,卷 12,〈湖州嬰兒局增田記〉,頁 1～2
湖南慈幼倉	嘉定中期（1216）	眞德秀	於鄉落別立			《長沙府志》,卷 21,〈名宦‧宋〉頁 33
建康府慈幼庄	嘉定十年（1217）	眞德秀、馬光祖	莊屋 1 所，8 間，4 廈，倉三眼。招募有乳婦人寄養，用給一同，至 7 歲止，願收養為己者聽，每人月支錢 1 貫、米 6 斗，至 5 歲而止。	手分、管庄人為蔣山、保寧、清涼天禧 4 寺輪差僧 1 人，行者 2 人月支香油錢	戶絕田宅招人租佃，以其租養贍	《景定建康志》,卷 23,〈盧院‧慈幼庄〉,頁 38

桐汭幼局	紹定三年（1230）	趙善潦	創局置田，月支常平米5石		官員俸祿、袁甫任內助常平錢500緡	《永樂大典》，卷19781，〈慈幼局引《桐汭志》〉
寶慶慈幼局	淳祐年間（1241～1252）	趙粟、桂諤	資助貧而乳育不能自給者		官錢1000緡、官籌經費7800緡，田200餘畝收租	《永樂大典》，卷19781，〈慈幼局引《寶慶府志》，〈慈幼局記〉
臨安府慈幼局	淳幼七年（1247）	趙與𥪅	雇請貧婦乳，民間願抱養者，官與月給錢米，3歲住支。局內養育成人聽其自便。	貧婦乳養	官田500畝	《蘇志》，卷33，頁29。《夢梁錄》，卷18，頁9～10
廣德軍慈幼局	淳祐七年（1247）後	常楙				《宋史》，卷421，〈常楙傳〉，頁12596
平江府慈幼局	寶祐中（1253～1258）	趙與𥪅	雇請貧婦乳養，民間願抱養者，官與月給錢米，3歲住支			《宋平江成坊考》，附錄，頁11
劭陽（無為軍）慈幼局	寶祐三年（1255）	陸睿	助生子不舉者，棄於道路者		令無為軍日助50緡	《永樂大典》，卷19781，〈慈幼局・劭陽志〉
明州慈幼局	寶祐四年（1256）		使道路無啼飢之童			《開慶四明續志》，卷4，〈廣惠院〉，《宋元方志叢刊》，頁5970
建康府慈幼局	咸淳元年（1265）	馬光祖	1. 願收養者，具狀保明給曆，支抱養錢 2. 寄養於乳嬭家，月給錢 3. 每月申官具寄養人數 4. 給予獎賞尋獲棄嬰 5. 棄嬰無衣，補助衣服	乳嬭四名，有乳之家協助	沒官田產，買措置招人租佃。	《景定建康志》，卷23，頁44

撫州慈幼局	咸淳七年（1271）		1. 收養棄嬰 2. 資助不舉子，原設置，黃震指僅收養 4～5 人，改爲接濟不舉子		《黃氏日抄》，卷 79，〈曉諭遺棄榜〉，頁 9～10
江陰慈幼局		趙汝訥	1. 募貧婦爲乳嫗，養在局中，月給紉瀚費 2. 收養 2 歲～10 歲小兒，養到 12 歲能自謀衣食者，聽去。		《永樂大典》，卷 19781，《慈幼局·江陰志》
贛州慈幼局		知府鄒應龍	收養貧家生子不舉者、無告之民。	括諸邑逋逃租瞻之。歲支常平米千四百八斛八斗。	《贛縣志》，卷 13，〈寺觀·育嬰堂養濟院漏澤園〉附錄，頁 18

註：表格資料部分參考張文《宋朝社會救濟研究》頁 215～216 所列之慈幼機構 7 間，楊宇勛《取民與養民：南宋的財政收支與官民互動》頁 457～458 中的 11 間將其表格化後增至 15 間，並根據筆者需求以其他地方志增補內容。

圖 3-1-3　南宋慈幼局分佈地圖

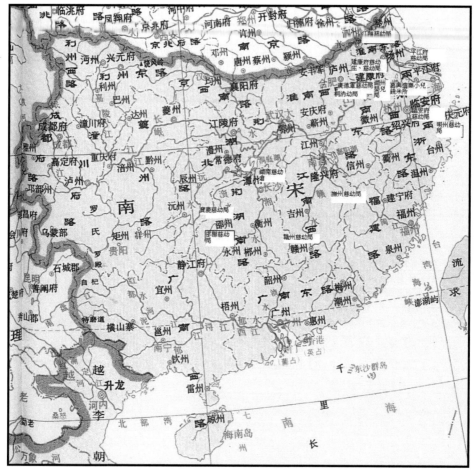

註：地圖爲譚其驤《中國歷史地圖集》第六冊，頁 42～43 截取，地區位置設置乃參
　　考其所列之區域位置，以近似區域畫入地圖。

　　南宋開始出現專門的兒童收養機構，通過表格可知最早棄嬰收養機構爲
鄭作肅於孝宗隆興二年（1164）年於湖州設置。〔註 12〕多數論著則以袁甫在
湖州創建「嬰兒局」爲宋朝專門兒童收養的開始。〔註 13〕兒童專門收養機構
的建立，是爲因應南宋愈發沈重的人口壓力，生子不舉以及大量溺嬰的情況。

〔註 12〕張文，《宋朝社會救濟研究》，頁 213。王衛平，〈唐宋時期慈善事業概說〉，《史
　　　　學月刊》，2003：3，頁 100。
〔註 13〕梁其姿，《施善與教化：明清的慈善組織》，頁 28。王德毅，《宋代災荒救濟政
　　　　策》，頁 117。王愛蘭，〈略述兩宋對棄嬰貧兒的福利救助〉，《重慶科技學院學
　　　　報（社會科學版）》2009：9 頁 176。

如「閩人生子多者，至第四子，則率皆不舉，謂其貲產不足以贍也。若女則不待三，往往臨蓐，以器貯水，才產即溺之，謂之洗兒。」〔註14〕原因包含未具節育的觀念、傳統認為墮胎會遭受災害，生下之後再處理，較能保全母體、還有災荒逃難造成貧困加劇、身丁錢的徵收，財產均分繼承制度造成不願多生的狀況。〔註15〕這些專門的機構也為解決這些問題相應而生。

（一）慈幼局的收養流程

從表格和地圖可知宋朝慈幼局的設立情況，具有一定的規模和其操作的方式，而慈幼局在收養有其收養的固定流程，以及必須遵守的規則，慈幼局的配置，主要有兩種形式。

第一種有固定的屋院，收養在局中，專門顧用乳婦在慈幼局中待命，隨時可以乳養尚待乳哺的遺棄小兒，直到有人願意收養，申官驗實附籍，部分慈幼局會協助繼續助養。若有父母親族前來識認，則將其歸還。若遺棄兒童死亡，也必須於簿冊勾消。

第二種是將遺棄小兒養在所雇用乳嬭家中，定期申報遺棄小兒狀況，但能自飲食者，則養在局中，待其被人領養、父母前來識認，以及長立成人後，聽從其便。慈幼局的運作方式，在照顧遺棄兒童上面，主要有這兩種方式。茲圖解如下：

圖 3-1-4　慈幼局收養遺棄小兒流程圖

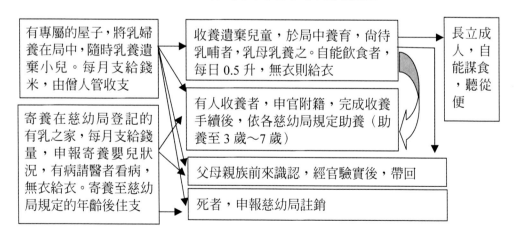

〔註14〕〔宋〕李元綱《厚德錄》，，卷4，頁6
〔註15〕臧健，〈南宋農村「生子不舉」現象之分析〉，《中國史研究》，1995：4，頁75～83。

各地慈幼局根據其局內所用有的空間大小，將遺棄兒童分爲自能飲食者與需乳哺者，並因應各種不同的狀況，設有不同的配套措施。

（二）慈幼局經費來源

慈幼局爲官方設立專責兒童收養機構，爲使慈幼局能夠永續經營，其經費的來源和經營方式。在表格所列的慈幼局經費來源，

首先是常平錢米，例如袁甫在其任內不僅向常平使者勸捐一百三十畝的田地，用以創設嬰兒局，更爲助馬光祖創設慈幼局出常平錢五百緡。使常平錢米達到有效運用。〔註16〕

其次是地方官府經費，包含官府平抑物價結餘款，地方官府的官錢，公使錢，戶絕財產的收益以及戶絕田產、官田的收租，也有利用追還諸邑逃租的款項。這些資金的來源不固定，造成慈幼局經營難以穩定下來。如何有效經營，考驗著主事者的管理能力。

根據表格中呈現，發現最主要的投資方式，爲傳統買田招人佃顧，並利用租米，持續有效運作慈幼局。此一經營方式包含袁甫創設的嬰兒局、建康府慈幼庄、寶慶慈幼局、臨安府慈幼局以及贛州慈幼局。另外，在建康府慈幼庄的出現第二種經營方式，即利用戶絕方屋出租以收取租金，以供養贍。〔註17〕

設有屋舍的最大規模爲建康府慈幼庄，其利用戶絕屋舍以作爲養贍遺棄兒童的場所，則戶絕產因含括的資源較多可以做有效的運用。〔註18〕

首先，官方主導。官方兒童收養機構在官方主導下設置完成，可能在不同區域由同一位官員設置類似專門兒童收養機構。係延續其成功的創辦經驗帶到其他上任的地區。其設置的蓬勃發展期在理宗詔臨安府設置慈幼局後。

第二，專責兒童收養。與綜合收養機構不同，專門收養機構所措置的屋舍不多，主要利用寄養在有乳之家，或局內顧用有乳婦人之家，每月支給收

〔註16〕《蒙齋集》，卷12，〈湖州嬰兒局增田記〉。《湖州府志》，卷47。

〔註17〕《景定建康志》，卷23〈盧院・慈幼庄〉，頁38。

〔註18〕郭文佳〈宋代政府賑災的資金來源〉，《宋史研究》2010：1，頁173～177。一文中提到賑災資金的主要來源爲常平錢米、三戶與戶部資金、內藏錢、朝廷封椿錢物、上供米、軍糧等這六種係由中央所撥款的資金來源。而地方政府財政資金其認爲主要是州軍的省倉資金。譚書龍，〈宋代官辦慈善機構管理初探〉，《古代史研究》，2005：4，頁119～120，認爲宋朝官辦慈善機構經費主要有三種，其一爲政府直撥，含府庫錢、常平系統、戶絕田產；其二爲接受捐贈，來自慈善人士增與；其三爲以田養業，利用自身經營的田業自給自足。

養嬰兒所需。

第三，施行細則清楚。各地方的兒童收養專門機構都有明確的施行細則，定時抱至官府看視每月配給錢糧規定，願抱養者處理辦法的設置，助養育被抱養者兒童住支年歲規定，皆有詳細施行細則。

第四，營運管理。管理收支人員還是以僧侶為主，不需負責清潔工作，但寺觀也協助提供場所養育兒童。

第五，經費來源。來自戶絕產業、官員俸祿、常平錢米、地方政府經費以及官員募款經費。

第六，收養年限。一般慈幼局無明確規定，多配合居養法所述：「長立十五歲，聽從便。」〔註19〕但江陰慈幼局明訂收養二歲到十歲的遺棄兒童，長立十二歲能自立生存之後，聽從便，是詳細指出收養年限的其中一家機構。〔註20〕

第七，從地圖觀察，專門的兒童收養機構地點多半集中於大城市，且集中於橋墩、城門附近，以及鄰近的寺、觀。此處人流較多，容易發現遺棄兒童，能夠及時救助和協助送到慈幼局，免於遺棄小兒死傷。

最後，兒童專門收養的數目並不如綜合型的收養機構數目多，雖然兒童專門收養機的設置，顯出南宋在兒童專門收養機構的有極大的成就。但因綜合型的收養機構也同時具備收養兒童的功能，其功能性較專門收養兒童的機構更為多元化，因此通過專門兒童收養機構以及綜合收養機構的設立，可以確保遺棄兒童在這些有設立收養機構的地方皆能得到照護。

總體而言，宋朝收養機構從京師福田院開始，擴及地方綜合型收養機構的發展，到南宋時期發展出專門收養兒童的機構，這些機構出現表現出宋朝的兒童收養進入一個新的里程碑。

四、官設助養機構

宋朝政府除官設專門的收養機構之外，也設有助養機構。宋朝大量出現不舉子的現象，舉子倉的設立便是助養不舉子家庭最典型的代表。舉子倉的設立一般學者皆認為是屬於預防性的措施，即所謂的胎養助產，據黃震於〈曉

〔註19〕〔清〕徐松，《宋會要輯稿》，崇儒 2／29、食貨 60／7，食貨 68／136，政和七年七月四號條。
〔註20〕《永樂大典》，卷 19781，《慈幼局・江陰志》。

論遺棄榜〉中提到，胎養法自西漢時期已設立，胎養法是在胎兒未出生之前的補助，胎兒產出之後持續補助。一般而言，補助至三歲為止，也有補助到五歲的情形，希望能幫助貧民育兒，減少不舉子的出現。〔註21〕宋朝呼籲胎養法，從京東提刑韓宗彥在仁宗嘉祐二年（1057）時揭出，但未被採納。〔註22〕其後呂堂也於徽宗宣和二年（1120）上奏，以義倉米量給貧乏生子之家。北宋時有助養，錢糧的來源有常平米、義倉米，廣惠倉。宋朝常平義倉等措施日久之後，弊端出現，無法供給貧乏之家助養不舉子的來源，尤其是福建的建、劍、汀、邵等處，因山多田少，生活困難，生子不舉者極多。官員上奏希望建設舉子倉以減緩此處不舉子的情形。生子不舉之現象產生，人地平均比例不足以負荷過多的人口，尤其是在福建和荊湖一帶更是常有文集記載。蘇軾曾記載王天麟所言：「岳鄂間田野小人，例只養二男一女，過則輒殺之。」〔註23〕蘇軾亦言：「近聞黃州小民，貧者生子多不舉，初生便於水盆中浸殺之。江南尤甚，聞之不忍。」〔註24〕其中福建的建寧府、南劍州更是盛行，俞偉仲在順昌為官時，做戒殺子文，並招鄉親父老一同勸諭使其，活口甚多，當地常有人以「偉仲」為子孫命名。後續戒殺子文，使朝廷頒佈禁止生殺子孫，即徒二年的詔令。〔註25〕可見南宋生子不舉的情況，在江南地區也相當嚴重。《厚德錄》也記載：

> 閩人生子多者，至第四子，則率皆不舉，謂其貲產不足以贍也。若
> 女則不待三，往往臨蓐，以器貯水，才產即溺之，謂之洗兒。建劍
> 尤甚。……偉有戒殺文，甚詳行於世。〔註26〕

福建一帶，例只生至四子，過則殺，原因在於家中資產不足以贍養，如果生女則超過第三個就會殺之，即以器皿裝水，將初生嬰兒溺殺，稱之為「洗兒」。

不舉子發生的首要原因，是人口壓力導致的貧困生活。除此之外，上有下列五種原因。二、宋朝身丁錢收太重，人民無法負荷，只要在為收支錢即殺子，以杜絕往後沈重的負擔。三、為避免財產分薄，也減少財產糾紛，既使父母不殺，則兄弟姊妹亦會從旁殺之。四、厚嫁風俗，嫁女需付但沉重的

〔註21〕〔宋〕，黃震，《黃氏日抄》，卷79，〈曉諭遺棄榜〉，頁9～10。
〔註22〕《續資治通鑑長編》，卷188，仁宗嘉祐二年閏十二月己丑條。
〔註23〕〔宋〕，蘇軾，《東波全集》，卷79，頁14。
〔註24〕〔宋〕，蘇軾，《東波志林》，卷5，頁6。
〔註25〕〔宋〕，陳傅良，《止齋先生文集》，卷44，頁3。
〔註26〕〔宋〕，李元綱，《厚德錄》，卷4，頁6。

嫁資，因此為避免日後沈重負擔，因此溺死初生女嬰。〔註27〕且女性在宋朝於戶絕的情況下也有財產繼承的權力，因此也具分薄家產的可能性。五、墮胎及生子不詳的迷信。古時生子，是一場大手術，也具有極高的危險性，加上傳統佛教的業報、果報思想，因此往往採取產後再殺對母體的傷害較小。六、地方政府從助養不舉子的款項中上下其手，導致助養措施有名無實，甚者，經費來源短缺，政府挪做他用，無力養贍不舉子之家。〔註28〕

高宗紹興八年（1138）下達胎養令，補助人民生子不舉之家，「禁貧民不舉子，有不能育者，給錢養之。」〔註29〕乾道五年（1169）孝宗也下詔：「應福建路有貧乏之家生子者，許經所屬具陳，委自長官驗實，每生一子，給常平米一碩，錢一貫，助其養育，餘路州軍依此施行。」〔註30〕圖解如下：

圖 3-1-5　福建路貧乏之家胎養流程圖

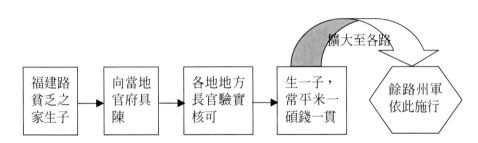

地方官員透過社區自身力量，解決不舉子問題。尤其是不舉子情況嚴重的福建，除建設獨立舉子倉外，利用朱熹時設置社倉，將舉子倉附設於社倉，分出來照顧當地百姓，可謂利多。福建不舉子多，先由建寧府、南劍州、汀州、邵武軍等先行創設舉子倉。乾道、淳熙年間，朱熹向朝廷建

〔註27〕　根據曾我部靜雄，《溺女考》，《文星》，1973：55。頁 52～57，認為溺女歸納十三個原因，包含 1.迷信，2.奇蹟懷孕 3 孝道觀念 4.為自身利益討好他人，5.衝動 6.家庭不合 7.妻妾妒忌 8.危及情況.9.男女亂倫.10 嬰兒殘疾 11.子女過多.12.鐵饉，13.為將來作考量。

〔註28〕　參考臧健，〈南宋農村「生子不舉」現象之分析〉，《中國史研究》，1995：4，頁 75～83。黃永昌，〈宋代的慈幼事業與社會〉，《華中師範大學研究生學報》，2008：4，頁 88～92。陳廣勝，〈宋代生子不育風俗的盛行及其原因〉，《中國史研究》，1989：1，頁 138～142。曾我部靜雄，〈溺女考〉，《文星》，1973：55，頁 52～57。

〔註29〕　〔元〕脫脫，《宋史》，卷 29，紹興八年五月庚子條。

〔註30〕　〔清〕徐松，《宋會要輯稿》，食貨 59／45、68／127，乾道五年四月十五日條。

議希望能夠創設舉子倉解決，未得應允。其後史浩知福州時，上奏措置官莊贍養不舉子：

> 臣今措置欲於建、劍、汀、邵四州諸縣各置官莊一所，典買民間田畝，縣下官莊給曆，每月支米若干，滿三歲住支。蓋方其初生，以水殺之，父母不之見也，及其痛定，未有不悔其殺之者。今若誘以微利，使必活之，三歲以後，必不忍殺。〔註31〕

史浩誘之以利，望能助民養不舉子至三歲，使民對子日久生情，不致殺害，以求能活不舉子之命。運作方式為買田收租。每月登記官莊助養不舉子，月支錢米至三歲止。至而後趙汝愚擔任福建安撫使時，延續朱熹與史浩的政策。《永樂大典》記載：

> 生子不舉，貧不獲已也，福建貧乏之家生子者，賜以常平錢一千，米一石，此乾道五年指揮也，繼而朱文公申請於朝，趙帥忠定公推廣其意，括絕沒之田產，招佃輸租，仍撥糴本，置舉子倉主之，鄉官給貸收息以司出納，縣掌之丞，郡轄之倅，而立之帥倉兩臺。
>
> 〔註32〕

趙汝愚的措置方法是利用戶絕田產為其經費來源。收入的方法有二：其一利用戶絕田買田收租，其二利用平抑物價的方法，賺取差價。管理人員為鄉官掌管收息出納，縣由縣丞主管，郡由長官的選取副職擔任。共同隸屬帥司和倉司管理。避免舞弊。支給辦法則為每生一子，支給常平錢一千，米一石，採一次付清的方式給予。

另舉子倉也有透過月給的方式助產，《永樂大典》〈舉子倉〉所引，包含《臨汀志》、《桂陽志》、《建安志》、《延平志》中的舉子倉等可知，其主要管理人員為當地政府的縣丞，以及民間的寄居官。每年五月到七月申報生子與否，以及生子懷胎五月之後，奏報舉子倉管理人員，驗實是否為欲產子的貧乏之家，核可之後，請領日給，日給依各舉子倉規定的配額，生產之後繼續補助至三歲住支。

〔註31〕 〔宋〕史浩，《鄮峯真隱漫錄》，卷8，〈福州乞置官莊贍養生子之家箚子〉。
〔註32〕 《永樂大典》，卷7513，〈舉子倉·延平志〉。

圖 3-1-6　舉子倉申報助養流程圖

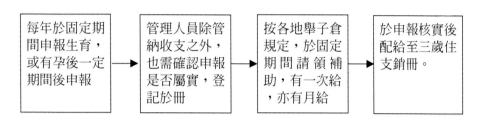

| 每年於固定期間申報生育，或有孕後一定期間後申報 | 管理人員除管納收支之外，也需確認申報是否屬實，登記於冊 | 按各地舉子倉規定，於固定期間請領補助，有一次給，亦有月給 | 於申報核實後配給至三歲住支銷冊。 |

　　舉子倉的設置主用來助產，因此補助期間不長，從申報核實日起，至生子後三歲住支。舉子倉主要經費來源爲常平錢米、戶絕田產以及個人捐助，生產方式爲買田收租以及糴糶平抑物價法。管理人員多爲當地鄉居寄居官，或者地方官員的副職。利用民眾自行申報後才支付，採取被動助產方式。〔註33〕朱熹也曾指出舉子倉日久之後漸生弊端，由管理人員侵吞款項，導致給額不足，及冒名詭請的狀況。〔註34〕

　　舉子倉在官設助養機構上面，確爲一個成功的政策，在遏阻生子不舉有一定成效，雖然其在施政屬於被動式的救助方式，需由人民自行申報，考量到地方財政不足，減少人事支出，各有利弊。不僅減少不舉子，也能避免發生異姓遺棄兒童被收養的情形。

第二節　官方督辦收養

　　官方督辦的收養，係指當地沒有綜合型收養機構或專門行收養機構，面對兒童收養問題時，由官方下令，地方鄉里組織協辦，利用當地現有資源對遺棄兒童暫時收養的措施。從上一節可知，宋朝雖成立一定數量的官設收養機構，收養遺棄兒童以確保其成長，但從地圖上分布顯示，並非全國境內皆設有官設收養組織。因此，地方官員適時利用官督民辦的方式，對遺棄小兒由官方採取主動，達到照顧遺棄兒童的目的。

　　官方督辦收養的措施，宋朝已有固定運作流程，地方官員上奏請示後，

〔註33〕參考王德毅，《宋代災荒的救濟政策》，頁 112～114。張文《宋朝社會救濟研究》，頁 204～210，楊宇勛，《取民與養民：南宋的財政收支與官民互動》，頁 424～428。黃永昌，〈宋代的慈幼與社會〉，《華中師範大學研究學報》，2008：4。頁 89。

〔註34〕〔宋〕朱熹，《朱文公文集》，卷 28，〈答趙帥論舉子倉事〉。

搭配地方鄉里資源與地方軍隊系統進行。本節透過官方督辦收養的形式，輔以圖解的方式呈現，以期對宋朝官方督辦收養兒童有更明確的概念。

一、地方機構協助收養

官方在災荒發生時多利用中央下令措置，地方政府以及地方鄉里與軍隊配合收養遺棄小兒。例如仁宗明道二年（1033）詔令：「詔開封府界、京東西、河北、河東、陝西、江南、兩浙、荊湖北路，貧民流移而遺棄幼老不能自存者，所在官司收養之，勿令失所。」〔註35〕發生災荒的地區廣泛，貧民遺棄兒童和老人不能自存者，所在地方政府必須負責收養之。仁宗至和二年（1055）詔令：「訪聞饑民流移，有男女或遺棄道路，令開封府、京東、京西、淮東、京畿轉運司應有流民雇賣男女，許諸色人及臣寮之家收買。或遺棄道路者，亦聽收養。」〔註36〕地方政府能夠辦理使被遺棄道路不能自存之人都能被收養，不致死於溝壑。此外如神宗熙寧元年（1068）詔：

> 京東、京西轉運司轄下州縣，應河北遭水流民到彼，並仰寺廟空閑
> 處安泊，如內有老幼疾病的然不能管，主者及官計口給米，大小有
> 差，候至深秋，告諭各令歸業種作，貧者更給路糧。〔註37〕

當時京東和京西兩路有許多河北水災流民至此，朝廷下令地方政府協助尋找空閑寺廟，暫時收養災民，申報後，官方據其申報口數，計口給米，秋天之後，協助被臨時收養者回歸本業，如若為貧困之人則給予路費助其回鄉。也有地方官員自行下令協助收養的情況，例如《續修浦城縣志》中有「歲艱食，嬰兒多棄道上，新蔡令（左）好謙下令賑恤，凡小兒給與壯者之半，全活甚眾。」〔註38〕在此例中左好謙便以地方官員身份，下令賑恤，當地受災戶免於流落之苦。

承辦的情況僅有單一流程，或無細部明朗化流程，僅由中央下令督辦，地方協辦，並未有明確流程出現，直至乾道七年（1170），洪遵針對孝宗所下詔回應的奏摺，說明當時因所在路分百姓生活困難，童、幼被拋棄於路，希冀能於穩便處收養遺棄小兒，收養從十月開始奉行。洪遵提出遺棄小兒收養的施行辦法，不但有明確的流程，也使官方督辦民間協辦的遺棄小兒收養流

〔註35〕〔宋〕司馬光，《續資治通鑑長編》，明道二年（1033）十二月己酉條，頁2647
〔註36〕《宋會要輯稿》，食貨58／14，至和二年（1055）四月二十八日條。
〔註37〕《宋會要輯稿》，食貨69／41，熙寧元年（1067）閏八月二日條。
〔註38〕《續修浦城縣志》，卷21，頁43～44。

程更為清晰。其奏摺內容如下：

一、收養童幼，專委知縣及巡尉。蓋知縣之職，於民尤親，巡尉日以警捕為事，道路村野之間無所不歷。或有棄擲童幼，皆耳目之所聞見，庶幾收養無遺。

一、童幼中有自能飲食者，責付寺觀收養，官給錢米，住持、知事旬具過養人數，即有無病患申官。遇有疾患，官給之藥；遇有死亡，官給材木埋瘞。

一、小兒尚在乳哺者，在城委都監，城外委巡尉，體探弓手及軍伍有乳之家，責令收養，官給錢米。都監、巡尉旬具過養人數，及有無疾病申所屬，病者從官給藥，死者官給材木埋瘞。

令地方知縣和巡檢配合，於防禦地方安全巡邏時，責付巡檢注意有無遺棄小兒，若童幼自能飲食，責付寺、觀收養，官給錢米，寺觀的住持、知事每 10 日申報過養人數的情況，有疾患者，官給藥物醫療，若不幸死亡，官給材木埋瘞。若遺棄小兒還在乳哺階段，則在城內委託都監，城外委託巡尉，找尋弓手或軍伍有乳之家，令其收養，官給錢米，都監和巡尉每 10 日審報情況，病者給藥物治療，死者，管給材木埋瘞。茲圖解如下：

圖 3-2-1 洪遵奏請遺棄兒童收養流程圖

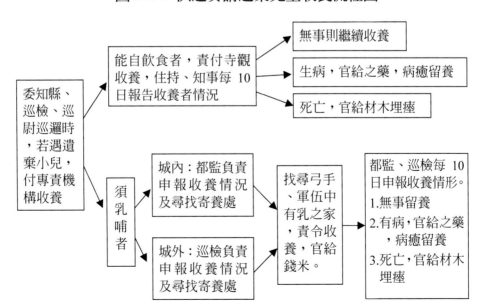

芮煇擔任江西運判時，約乾道年間（1165～1173）到淳熙初年（1174），上奏：「鄉村僻遠去處，遺棄小兒，令州縣告諭，保明根刷，具名申官支給錢、米撫養。如一鄉一都之內保正能收養遺棄，庶幾人霑實惠。」〔註39〕因所在地區位於偏遠鄉村地方，其收養流程單線化，沒有分城內、外，負責收養者為保正，督辦者為地方州縣，使偏遠地方的遺棄兒童也能得到照顧。王德毅在《宋代災荒的救濟政策》則提出將鄉村僻遠去處收養棄兒的工作，責付保正負責的情況，比責付巡尉為優。〔註40〕

從此例可知，宋朝弓手和地方武力的軍隊，發揮其收養遺棄兒童職能，地方武力職能一般都集中於討論對於軍隊後勤補給，以及提供地方安全等職能。但此條文，卻明白的指出，地方軍隊、弓手也具有協助扶養遺棄兒童的職能。根究其因素。第一，地方軍隊武力對於政府負有責任，協助地方賑濟的進行為其工作範圍。第二，地方軍隊武力本身具有維護地方安全的職責，能立即性給予遺棄兒童協助。第三，地方軍隊受到政府嚴格管控，能夠迅速有效掌握遺棄兒童的情況。無疑的，地方軍隊協助兒童收養，確是宋朝地方協助軍隊職能之外，一個少有人提及的概念。

湖州知通判廳因湖州貧民生子不舉，於夜深之時，將其遺棄在寺院、觀門廊及儀鳳、駱駝兩橋內，至清晨則凍餓死亡，災傷年時情形更為嚴重。而湖州之前曾有人每遇夜巡邏，將尋獲之遺棄小兒，送至各收養單位收養，但近年因災傷嚴重，所以無人接續舉行，所以立事目於碑上，希望能夠永續實施，列碑文如下：

一、諸州學教授專切提點應干事件

一、合於都副孔目官六名內，只差兩名管幹及輪流躬親尋訪。遇有上件遺棄嬰兒，即時依後項收養，仍至籍□上。如所差人出職□役「即仰六名內別行□明，接續管幹。

一、合責廟巡知委□常巡察，知本地分內有遺棄嬰兒，即時報□，委人吏收取。其廟巡每報到有遺棄嬰兒一名支給錢三百。其錢亦仰所委人吏具狀申州支放。并出榜曉示諸色人，如遇有遺棄嬰兒即時逕於州學教授所取覆，教授收取赴州亦支上件賞錢。

〔註39〕《宋會要輯稿》，食貨58／22，嘉定四年（1211）七月二十七日條。
〔註40〕王德毅，《宋代災荒的救濟政策》，頁110。

一、合預行勸諭有乳之家十人，每名先支與錢一貫文，作浴兒錢。後有收到遺棄男女，付之乳養，每名別給錢一貫文，米五斗。候養給一月，更支米一石，置歷請至七歲勿給。仍令乳母每月抱所乳嬰兒赴州呈驗訖，及行文請行□。其乳母所養嬰兒，雖年至七歲，勿給月米，若乳母願收養爲自己男女者聽。

一、候收養遺棄嬰兒將及小人每□勸諭有乳母之家準備乳，常令有乳母空閑等待乳養。

一、所養遺棄嬰兒，如有民戶願取爲義子孫收養者，許其具狀陳乞，當議給付。

一、合支錢於公使庫支，米於本州收糶軍糧出剩末內支給，數內依條支義倉米一石。

續又契勘所養遺棄小兒醫藥一節，元失講究。自淳熙四年（1177）正月始，中使府拆委醫官二員，遇病治療，從公庫依掌上等例，月各給酒三瓶，三大節各給碧酒五瓶，以補藥餌之費。〔註41〕

顯然爲因應地方災傷發生頻繁採取的收養措施，細則及流程規劃上，有具體的巡邏、人員調配，尋獲遺棄小兒的獎賞，待命乳哺之家。經費來源清楚且依經費來源性質而支給，規劃近於完備。孝宗淳熙四年（1177）時，更補小兒醫療需求，增置醫官兩員，並以酒爲藥餌之費支給醫員，解決遺棄小兒生病需要問題。據文圖解如下：

〔註41〕《同治湖州通志》，卷47。

圖 3-2-2 「收養遺棄嬰兒事目碑」收養圖解

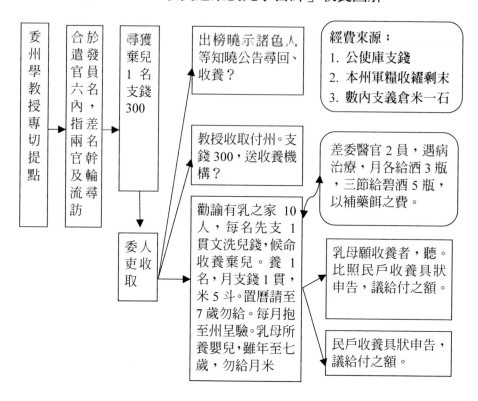

該「收養遺棄嬰兒事目碑」雖流程清晰、經費來源清楚，但有幾點值得深思，第一，未具備若未能妥善尋獲、收養之罰則。第二，收養遺棄小兒至七歲以後，就不給任何供給，除非有人收養，否則其下落不得而知。第三，州學教授收取付州有賞錢，但卻未能表明其任務內容為何？

寧宗慶元元年（1195）的〈荒歉州縣存養遺棄小兒詔〉，也有針對荒歉諸州收養遺棄小兒的單線收養流程，作法簡單，容易實施。詔令中也說明其收養經費來源為常平錢米，扼要的指示荒歉收養遺棄小兒措施。

> 兩浙、兩淮、江東路提舉司行下所部荒歉去處，逐州逐縣各選委清
> 彊官一員，遇有遺棄小兒，支給常平錢米措置存養。內有未能食者，
> 雇人乳哺，其乳母每月量給錢米養贍。如願許收養為子者，並許為
> 親子條法施行，務要實惠，毋致滅裂。如有違戾，仰監司覺察按劾
> 以聞。〔註42〕

〔註42〕《宋會要輯稿》，食貨58／21，慶元元年，正月十九日條。

中央政府使兩浙、兩淮、江東路提舉司在所在區域荒歉去處，選取清強官一名，將遺棄小兒權加收養，經費為常平錢米，雇用乳母乳養，每月給乳母錢米養贍，如有收養為子者，依親子條法辦理。茲圖解如下：

圖3-2-3　慶元元年（1195）荒歉遺棄小兒收養流程圖

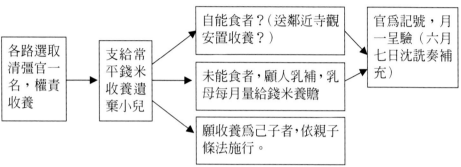

後續上奏的奏摺對於官方督辦的實施辦法，都詳列出實際施行辦法，慶元元年（1195）同年的六月，當時權兩淛運副沈詵所奏收養遺棄小而施行辦法：「老弱孤獨殘患流離道路，皆當衿恤。乞許令州縣別委官踏逐空閑寺院收養。其間遺棄小兒，募人養之。官為記號，月一呈驗，以給其費。」〔註43〕針對流離道路的遺棄小兒募人乳養，其所施行的流程補充「官為記號，月一呈驗」的部分。

　　南宋晚期，其遺棄小兒收養辦法更為具體，例如馬光祖咸淳元年（1265）知建康府時，認為遺棄小兒合立規模收養，因此寫下遺棄小兒收養條式，其中將官方督導，民眾承辦的情況劃分更為清楚，其文如下：

　　一、本府城內外諸廂，貧民遺棄小兒，或願收養者，具四鄰保明狀申提都官廳，差人審實，出給歷頭。照寶祐五年大使以行例，先支抱養錢十八界四貫、米五斗；月支十八界二貫、米三斗，至七歲住支。

　　一、遺棄之時，恐未便有人收養，遂先雇乳媼四名，每名月支十八界六貫、米五斗。

　　一、嬰孩寄養在乳媼家，萬一無人收抱，亦合區處，今自一歲後照抱養人例，月支十八界兩貫、米三斗，就令媼家權行撫育，如有願

〔註43〕《宋會要輯稿》，食貨58／22，慶元元年（1095）六月二七日條。

就乳嬭之家接續抱養者聽。月給照支。

一、每月一申民間抱養數，併寄養乳嬭家數，申提督官廳支請錢米，乃仰各攜抱當官點名，以防偽冒，其有病患者，仰不移時經提督廳給藥，或有事故，即時具申銷籍，所有本府錢米，作四季成料撥付所委官廳收管，月申總數銷豁，錢一料以十八界五百貫、米三百石、酒三百瓶為準。

一、行下諸廂及兩縣尉司，嚴督地分，巡邏諸處，如有拋棄小兒，仰即時申解提督廳，每收一人，與支犒酒一瓶，如鹵莽失收，覺察到官，廂官閤倅地分等人等地究斷，仍關緝捕房專一覺察。

一、收到小兒，恐無衣著，本府逐時支撥絹布，并支無用衣服發下改造，責令嬭子付小兒裝著。〔註44〕

針對遺棄小兒的收養，不只負責尋獲之人尋獲時有賞，若不慎造成遺棄小兒身體的傷害或者被略賣，巡邏者須處以罰則。收養家以及寄養家的配給都有明確規定，連遺棄小兒的衣著都定其檢查，則收養遺棄兒童的施行辦法，至此流程已有細部處理。流程也從上而下，各部分的處理細則也都很明確，茲圖解如下：

圖 3-2-4　馬光祖遺棄小兒收養條式

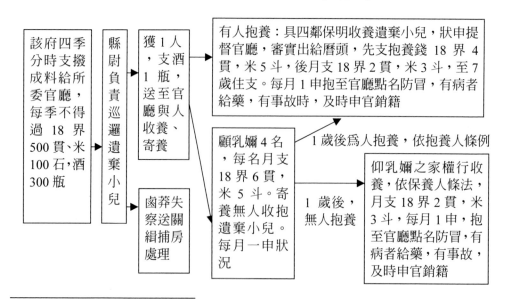

〔註44〕《景定建康志》，卷23，頁44。

馬光祖所寫的收養遺棄小兒條式，在王德毅《宋代災荒救濟政策》中也有提到，認爲馬光祖所擬之收養棄嬰條規是遺棄兒童收養流程規劃中較妥善的規劃。〔註45〕圖解可知，流程的處理從早期單一面向的流程處理，再到分類的處理方式，馬光祖時，流程的細則都出現相應處理措施，可知官方督辦的兒童收養是越來越具規模，越能展現出宋朝政府在官方督辦兒童收養方面的進步神速。

二、鼓勵鄉里組織收養

官方在災荒時期，常會利用賞格、旌賞等方式，使民間富戶增加收養災民的意願。例如孝宗淳熙二年（1175）曾經下詔：

> 淮南東路間有旱傷處，已降指揮委本路漕臣同提舉常平官取撥常平、義倉米措置賑糶，及流移人戶依條賑給。尚慮民戶以州縣不即檢放應輸官物爲疑，致有賤賣牛、棄業、棄小兒。二十口以上，官爲支給犒賞。如上戶、士大夫家能收養五十口，具名以聞，乞行旌賞；州縣官措置支給錢米收養百口至二三百口者，具名以聞。至是，段子雍應格，故有是命。〔註46〕

詔令中說明因爲淮南東路旱傷嚴重，官方雖已下達應變措施，使常平官取撥常平、義倉米賑糶，並且依照流移人戶條賑給，但同時憂心民戶以州縣不及早進行檢放的工作，並且施放官物賑濟，到時必須賤買產業，拋棄小兒才能活命。爲避免此一情形，官方下令若上戶收養二十口以上，官給犒賞，若能收養五十口，官員具其姓名上奏，乞行旌賞。段子雍的實際案例證明官方的確利用賞格的方式，鼓勵民間收養的意願。段子雍應格的時間點爲寧宗嘉定四年（1211）如下：「撫州寄居迪功郎、新袁州萬載縣主簿段子雍，以歲旱，收養遺棄童幼二百二口，後至食新，並責還父母親屬。可特循從政郎。」〔註47〕。段子雍收養童幼達二百零二口，達到官方所認可的收養五十口以上，即可具名以聞的標準，以寄居官員的身份協助官方督辦收養，對收養也起了一定的效果。黃永昌在〈試論宋朝政府的預防性與輔助性慈幼措施〉〔註48〕一文中認爲這是屬於輔

〔註45〕王德毅，《宋代災荒的救濟政策》，頁110。
〔註46〕〔清〕徐松，《宋會要輯稿》，食貨58／14，淳熙二年（1175）閏九月十七日條。
〔註47〕〔清〕徐松，《宋會要輯稿》，食貨58／14，嘉定四年（1211）七月二十七日條。
〔註48〕黃永昌〈試論宋朝政府的預防性與輔助性慈幼措施〉，《內江師範學院學報》，2008：5，頁42。

助性的慈幼措施，將其歸類在收養棄嬰和孤兒的民間人士，政府給予獎勵。忽略段子雍實際上的身份的寄居官員，在當地有一定的影響力。而張文則於《宋朝社會救濟研究》一書中也提到這個例子，認為也是對於收養棄嬰、孤兒的民間人士給予獎勵，兩者在這個例子的看法完全相同。

《厚德錄》中亦記載：「劉彝所在之處多善政，其知虔州也，會江西饑歉，民多棄子於道上，彝揭榜通衢，召人收養，日給廣惠倉米二升，每日一次，抱至官中看視，又推行之縣鎮，細民利二升之給，皆為字養，故一境間，子無夭關者。」〔註49〕而劉彝的施行辦法以廣惠倉為其經費來源，施行辦法簡單，而流程只有單一線措置，容易辦理。所以推行到縣也能夠施行，亦考慮到人的心裡，對於一日兩升，實是超過遺棄小兒的供給糧食，按照災荒給米辦法，大人日給一升，小兒減半，日給兩升，遺棄小兒賑濟米糧的四倍，是相當優渥的配給，藉此讓地方人民額外的糧食獎勵下，多協助官方督辦收養遺棄小兒。

圖 3-2-5　劉彝收養遺棄小兒流程圖

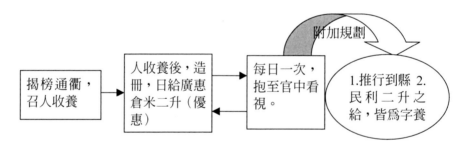

劉彝依個人所下達的命令，對於百姓收養兒童給予較為優惠的措施，在這方面取得極大成效。郭文佳也認為劉彝對於收養遺棄小兒者給予物質獎勵，使其能在收養遺棄小兒時提高收養效果。〔註50〕

從上述官方督辦收養，不論是中央下令地方協辦，地方政府下令，請地方鄉里組織協辦，皆可見宋朝政府於兒童收養方面的卓越成就。

首先，在經費來源上面出現四種方式，常平錢米、公使錢、軍糧糴米剩餘、義倉米、廣惠倉米。〔註51〕

〔註49〕〔宋〕李元綱，《厚德錄》，卷1，頁10。
〔註50〕郭文佳，《宋代社會保障》，頁196。郭文佳，〈宋代幼兒生養與救助述論〉，《煙台大學學報》（哲學社會科學版）2003：3。頁321。
〔註51〕郭文佳在〈論宋代政付賑災的資金來源〉一文中指出，宋朝政府助要用於救助

　　第二，在空間利用上，主要利用民戶有乳之家的空間收養遺棄小兒，若自能飲食者，在鄉村地方收養于保正家中，在都市利用寺觀的空間，收養遺棄小兒。有效的利用地方空閑資源收養兒童。

　　第三，將遺棄小兒分為兩類，一種是需乳哺者，一種是自能飲食者，使前者寄養於有乳之家，後者則當地兒童收實施辦法分別收養於寺、觀或乳養之家（含指定乳哺之家、弓手、軍伍有乳之家）。

　　第四，利用優渥的條件，使兒童收養被地方接受。如 1. 給予大量收養之家賞格；2. 以多於遺棄兒童糧食所需的錢米利誘民眾收養遺棄小兒。3. 選取貧婦有乳之家，月給錢米以備遺棄小兒尋獲時，即時可收容。

　　第五，皆以七歲為其收養的年限。與居養法養立至十五歲有所出入。但卻未說明原因。

　　第六，利用當地保安人員，額外責付其增加巡邏的需注意是否有遺棄小兒？利用其職務的性質，與尋獲遺棄小兒結合，並給予其獎賞，南宋末年，甚至規定罰則，可見應有不法之情事，而採取賞罰雙管齊下的措施。

　　最後，不僅在醫療上面有就醫看視給藥，就連遺棄小兒死亡亦得官給材木埋葬。值得注意的是，官方督辦，民間協助的收養，其所照顧的時間較短，而提供的資源和協助也有限制，僅就災傷期間及遺棄小兒提供臨時性的收養措施。遺棄兒童的未來，非其考量的地方，因此，無法如同上一節官設收養機構能夠照顧到遺棄兒童到可以自立為止。

第三節　個人慈善收養

　　宋朝的兒童收養除體現在國家法律的重視、政府官設收養機構的設立以及官督民辦的收養助養之外，個人慈善也有顯著表現。受到宋代理學的影響，士人於敬宗收族有使命感，更有范仲淹：「先天下之憂而憂，後天下之樂而樂」之語，使士人扛起肩挑濟貧助人的社會責任，兒童收養、助養便是隱沒在這之中的一個善行。士大夫針對同宗的貧戶助養初生兒。災荒時，士人盡己之薄力，臨時收養道路遺棄小兒，或為棄嬰措置處所收養，以待其父母歸，不致死亡。在其親友遭遇不幸時，挺身而出，收養其子女，使男有教，女有歸。

　　災害的資金有常平錢米、三司與戶部資金，內藏庫、朝廷封樁錢物、上供米和軍糧。《中州學刊》，2010：1。頁 173。此處重疊的部分有常平錢米和軍糧。

對親族，在宋朝更發展出完善的義莊制度，使族人中的初生兒能夠順利成長。

近年來由於婦女史的研究成果碩大，唐宋婦女慈善行爲的成因、濟助行爲，都有詳細的研究。其中婦女慈幼中包含收養遺棄兒童。婦女對於兒童收養分成兩個部分，其一爲透過對親族的收養，照顧其長大成人。其二爲收養因各種因素產生遺棄小兒。婦女也在災荒中臨時收養大量的遺棄小兒。本節欲透過文集及墓誌銘了解宋朝士人、婦女在個人慈善中兒童收養方面的貢獻。

一、宗親、姻親、朋屬的兒童收養

宋朝士人對於民間慈善是一股極大的力量，張文認爲宋朝以文治天下，士人擁有較高的地位，和社會聲望，因此在民間慈善中常常可以看到士人的身影，而其身影表現在公益事業、慈善組織，宗親慈善以及朋舊周恤。並舉出劉宰與賑饑的例子，以此爲士人群體的慈善代表類型。〔註 52〕而筆者關切士人對於兒童收養方面活動。

（一）宗親、姻親收養

對於宗親兒童收養，主要原因爲儒家思想中「敬宗收族」的一份使命感使然，對於族人遭逢不幸，致使遺留兒童需要收養的所在多有。

李清臣也記載韓忠肅言：「公撫養孤貧，雖勞宗疏屬，皆仰嫁娶衣食。」〔註53〕負養宗親族屬孤貧小兒，仰其爲其嫁娶謀衣食。

程顥也記載彭思永：「撫宗族有恩意，外姻孤女，收視之如己子，爲擇善士而嫁之。」〔註 54〕對不僅對於宗族中之人有恩養之情況，對於姻親中的孤女，也收養之，並且對待如己子，長成之後則善士而嫁之。

同時程宜也記載其先祖程珦的收養事蹟：

> 始公撫育諸孤弟，其長二人仕登朝省，二十餘年間皆亡，長弟之子九歲，從弟之子十一歲，公復撫養，至於成長，畢其婚宦。育二孤皆再世，亦異事也。前後五任得子，以均諸父子孫。嫁遣孤女，必盡其力，所得俸錢，分贍親戚之貧者。伯母劉氏寡居，公奉養甚至。其女之夫死，恭迎從女兄以歸，教養其子，均於子姪。既兒女兄之

〔註52〕張文，《宋朝民間慈善活動研究》，頁 220～230。
〔註53〕〔宋〕李清臣，《名臣碑傳琬琰集》上集，卷 11，〈韓獻肅公絳忠弼之碑〉。
〔註54〕〔宋〕程顥，《河南程氏文集》，卷 4，〈故戶部侍郎致仕彭公行狀〉，同治《廬陵縣志》，卷 52。

女又寡，公懼女兄之悲私，又取甥女以歸，嫁之。時小官祿薄，克
己為義，人以為難，後遇劉氏之族子於襄邑，偶詢其宗系，知姻家
也。未幾劉生卒，其子立之纔七歲，公取歸教養，今登進士第，為
宣德郎矣。〔註55〕

程珦在收養親族的兒童方面，第一收養同族中子弟年幼者，助其長成為官，
更助其婚嫁。第二，幫助宗族及姻族中孤女嫁娶。第三，收養姻族兒童，教
養之，使其能登科，光耀家門。可是說是收養宗親姻族中的典範之一。其伯
父在其父母皆亡時，伸出援手收養其婿使其長大成人，考取功名。范祖禹載
程嗣弼「魏國夫人之族貧不能自存，公聚而養之，至於終身。故人有任郎官
而歿者，孤女鬻於人，公贖而嫁之。」〔註56〕

彭汝礪亦被載「尤以興學養士，賑乏恤孤為急。……兄無子，為立後，官
之。……天隱死無子，公為并其母葬之，又葬其妻，又割俸資其女。」〔註57〕
不僅恤養孤貧，友天隱死，葬其妻母，助養其孤女。畢仲游亦記載賈仲通「凡
兄子姪無遠近不能自養者教養之，女貧無以嫁者嫁之。仕宦可以官其子，推與
族人者四。」〔註58〕不僅教養親族中不能自養者，也將其孤女資助其嫁資，並
且將其蔭補的員額推於其族人。

陸佃也記載哲宗紹聖五年（1098）其婿李司理從小為伯父收養。「作乂，
吾婿也，名知剛。……作乂五歲而孤，又十歲，而母夫人侯氏卒，伯父、今
寧陵縣大夫公權育之，所以長養成就，恩義甚篤。」〔註59〕臨終托孤而收養
的情形，如劉士安於哲宗元祐八年（1093）被族人托孤「其族人且死，有囑
其孤於君者，君愛養教誨之如己子。」〔註60〕

趙鼎臣於徽宗宣和七年（1125）記載劉中行事蹟「伯兄蚤卒，至之拊其
孤如己子。」〔註61〕吳开載趙晦叔「撫孤姪如己子，居鄉以行義為眾所推，

〔註55〕〔宋〕程頤，《河南程氏文集》，卷12，〈先公太中家傳〉。乾隆《河南府志》，
　　　　卷87。
〔註56〕〔宋〕范祖禹，《范太史集》卷38，〈朝議致仕程公墓誌銘〉，頁14〜17。
〔註57〕〔宋〕曾肇，《名臣碑傳琬琰集》中集，卷31，〈彭汝礪神道碑〉。
〔註58〕〔宋〕畢仲游，《西臺集》，卷13，〈朝議大夫賈公墓誌銘〉，頁4〜7。
〔註59〕〔宋〕陸佃，《陶山集》，卷14，〈李司理墓誌銘〉，頁9〜12。
〔註60〕〔宋〕蔡卞，安徽南陵縣文物管理所藏碑，〈宋故左通直郎致仕劉君墓誌銘〉
　　　　並序，（此為安徽生博物館盧茂村供稿並標點）。《全宋文》，卷2787，頁184
　　　　〜185。
〔註61〕〔宋〕趙鼎臣，《竹隱集》，卷17，〈故朝奉郎太常丞劉中行墓誌銘〉，頁5〜7。

爭訟得晦叔一言及引去。」〔註62〕

鄒浩載胡子正於徽宗大觀元年（1107）載：「歲大疫，族人有舉家病者，死且過半，親戚畏避，莫敢視，亟往具棺斂，營樂石，存亡咸不失所。同母兄俞氏夫婦亡，無子，均收育其孤女如己女。」〔註63〕不僅收恤族人中因當歲疫病，無以爲食的人，更收養了其母兄之孤女。

鄒浩亦載大觀二年（1108）亦記載其叔父鄒擴君「叔父也，撫育君而教誨之如子。」〔註64〕

汪藻記載王文麗「長令人之亡，諸幼纍纍肩差，朝夕孺慕，人不堪其憂，安人爲收育撫攜，甚於己子。……中日宴坐誦佛書。收育親族中孤幼，甚於己子，有可能是受到佛教的影響，對於照護親族以積其功德。

胡銓於孝宗乾道元年載（1165）羅長卿「同母弟開出爲季父後，與之處無間言。比沒，其子未冠，友愛不替。及之官，與其母子俱，姪若子。姪早孤，館而訓之。」〔註65〕

陸游亦載孫椿年事蹟：

> 兄早死，諸孤猶襁負，父母哀之。……君於是奉嫠嫂。撫孤姪，盡敬盡愛。……姊適里中胡氏，夫婦皆早卒，君撫孤，恩意甚備。不幸其孤又早夭，君亦哀憐之，復爲立後。〔註66〕

孫椿年其兄早死，不僅收育其兄之孤兒，更收養其姐之孤幼，而其姐孤幼又亡，還爲其立後，可謂盡心盡力。而這其中便同時包含了同宗收養與異姓收養，只不過這兩者皆具親、友和孫椿年血緣關係。

周必大於寧宗嘉泰二年（1202）孫叔通事蹟：

> 嘗慕范文正公置義莊贍宗族，至田北鄉，以歲入給貧者伏臘吉凶費。市藥療病，買棺送死，衣寒食飢，傍及鄉黨。君既沒，二子繼其志，且存規約。君幼師李栖梧司法，李沒，子瞽，女未有歸，極力濟之。
> 〔註67〕

不僅如范氏一族置辦義莊收贍宗族，更收養其師之子女，濟助其女嫁人，更

〔註62〕　〔宋〕吳开，《來安縣志》，卷13。
〔註63〕　〔宋〕鄒浩，《道鄉集》，卷35，〈胡子正墓誌銘〉，頁15～16。
〔註64〕　〔宋〕鄒浩，《道鄉集》，卷36，〈鄒君墓銘〉，頁13～14
〔註65〕　〔宋〕胡銓，《胡澹庵先生文集》，卷26，〈會昌縣東尉羅迪功墓誌銘〉。
〔註66〕　〔宋〕陸游，《渭南文集》，卷39，〈孫君墓表〉，頁13～15。
〔註67〕　〔宋〕周必大，《平園續稿》卷34，〈朝奉郎袁州孫使君逢辰墓誌銘〉。

難能可貴的是其師之子爲盲人，照顧上更爲困難，亦收養之，可謂仁至義盡。

朱熹也記載石子重「族黨有貧不能自活者，買田捐金以振業之。教其子與己子等，嫁孤女多得所歸。道遇棄子，募人母之，月有給焉。」〔註68〕

洪咨夔（1230）紹定二年載沈賁「收拾師友遺孤乳保之若己子。」〔註69〕

樓鑰記載陳居仁「莆中宗族生事死葬無不被賜。從弟翟事於南而歿，其兄雁方教育其孤，而雁又亡，公取其季以來，愛之猶子也。」〔註70〕

從上述墓誌當中收養宗親與朋屬的遺族可以看到，宋朝士人在個人收養親屬以及師友同僚、同族的情況相當的普遍，且一經收養，皆扶養其長大成人，使男有教女有嫁，墓誌銘雖溢美成分較重，愛如己子之詞繁多，不可否認士人在收養這些小孩時，同時肩負起撫育其成人的責任。另外士大夫收養小兒是以照顧者的方式收養，而非使其爲繼承人或防老之用。其收養原因，第一，爲能夠延續師友宗族的血脈，故其對其收養的孩童視如己出，務使其長大之後能夠男則有所成，女則得歸良人。也可能包含男有所成、女嫁高門時，能成爲其家族助力。其二，出自於個人社會道德使命，對於身邊之人的照顧，也是證明其在這個社會是重要的一份子，而肩負起的責任。

（二）朋屬的兒童收養

濟助友人之親族貧乏者，收而養之至其終身，甚至其友人歿，遺族孤女被賣，程嗣弼不僅將其贖回，更爲其尋找丈夫而嫁之。〔註71〕〔宋〕程頤，《河南程氏文集》，卷12，〈先公太中家傳〉。乾隆《河南府志》，卷87。

劉跂載錢仲楊生平：

> 錢乙字仲陽，上世錢塘人，與吳越王有屬王俶納土，因家於鄆。父顥善鍼醫，然嗜酒喜游，一旦匿姓名，東游海上不復返。乙時三歲，母前亡，父同産嫁醫呂氏，哀其孤，收養爲子。稍長讀書，從呂君問醫，姑將沒，乃告以家世。乙號泣，請往迹父，凡五六往，乃得

〔註68〕〔宋〕朱熹，《晦庵先生朱文公文集》卷92，〈知南康軍石君墓誌銘〉，頁6～11。

〔註69〕〔宋〕洪咨夔，《平齋集》，卷31，〈獅嚴沈君墓誌銘〉。《全宋文》卷7013，頁274～275。

〔註70〕〔宋〕樓鑰，《攻瑰集》，卷89，〈華文閣直學士奉政大夫致仕贈金紫光錄大夫陳公行狀〉頁1～28

〔註71〕〔宋〕程頤，《河南程氏文集》，卷12，〈先公太中家傳〉。乾隆《河南府志》，卷87。

> 所在，又積數歲，乃迎以歸。是時乙年三十歲。鄉人感慨爲泣下，
> 多賦詩詠其事。後七年，父以壽終，喪葬如禮。其事呂君如事其父。
> 呂君歿無嗣，爲之收葬行服，嫁其孤女。〔註72〕

錢乙傳《宋史》亦有，錢乙之父離家出走，經年不返，其母亡，呂氏收養錢乙，教其讀書，並從呂氏學醫，長成之後才告知其身世，錢乙尋父而歸，同養錢父與呂氏。呂氏收養錢乙是出自憐憫之心，以及對親友之子的照顧，以待其親友歸。李昭玘也記載其友人閻某人：「嫂亡，育其孤如己子，族人亦不辨也。」〔註73〕因其嫂亡故，收養其姪子，撫育如己子，他人莫辨之。

此外士人也在義莊助養方面有所貢獻，如范純仁載其義莊規定：「諸位生男女，限兩月其母或所生母姓氏及男女行第小名報義莊，義莊限當日再取諸位保明訖註籍。及過限不報，後雖年長，不理爲口數給米。」〔註74〕在義莊當中所生男女在初生兩個月內，需由其母或所生母申報義莊知曉具籍，方得領取義米，事實上也有許多義莊鄉官的研究顯示，資助義莊族人逐房計口給米男女五歲以上一日一升；每人每年多衣布一匹，五歲以上十歲以下減半。實際上贍養綽綽有餘，且不只有貧困族人得以贍養，是全體族人皆得贍養，因此也有人主張，這是以宗族爲單位的社會福利，而非貧困救濟的一環。〔註75〕其助養兒童的情況也是包含在這其中的。而呂大防寫呂氏鄉約也是在義莊上面此親族能夠互助的規定。〔註76〕

雖然不一定通過除籍附戶的方式收樣這些親朋之兒童，或許僅是以寄居的方式收樣這些兒童。然而，這些兒童就某種程度上來說是幸也不幸，不幸的是父母早逝，須寄人籬下方可求生，幸的是，能夠被父母的親屬、朋友收養，可以較高的生活水平生存。

二、婦女慈善收養

婦女在個人慈善兒童收養的成因上主要有四，第一，基於天性，亦即鮑

〔註72〕〔宋〕劉跂，《學易集》，〈錢乙傳〉，頁1～5。
〔註73〕〔宋〕李昭玘，《樂靜集》，卷30，〈察推閻公行狀〉，頁2～4。
〔註74〕〔宋〕范純仁，《義莊規矩》，〈續定義莊規矩〉
〔註75〕王善軍，〈范氏義莊與宋代范式家族的發展〉，《中國農史》，2004：2，頁89～94。王衛平〈從普遍福利到周貧濟困──范氏義莊社會保障功能的演變〉，《江蘇社會科學》，2009：2，頁198～202。
〔註76〕〔宋〕呂大防《說郛》，卷80，〈呂氏鄉約〉。

家麟、呂慧慈所提出的婦人之仁。〔註77〕第二、出於對佛道的信仰，因爲篤信向佛，認爲透過慈善，能夠積累功德以求子孫有福，更修來世之福。〔註78〕第三、對於其丈夫、兒子事業的幫助，並藉此達到走出社會的目的。〔註79〕第四，宋朝婦女有財產繼承權，並且可以支配其嫁妝，爲其慈善活動提供了條件。〔註80〕

（一）宗親、姻親兒童收養

慈幼兒童收養在婦女慈善中是相當重要的一環，尤其是對於親族丈夫僚屬遺族兒童的照顧，更是婦女墓誌銘中不可或缺的一環。也是體現婦女慈愛之心的部分。以下將其婦女收養親故之事例整理成表格。

〔註77〕 鮑家麟、呂慧慈，〈婦人之仁與外事——宋代婦女和社會公共事業〉，《唐宋女性與社會》，頁 263～274。張文於《宋朝民間慈善活動研究》，頁 262。〈民間慈善：婦女參與社會活動的有效途徑〉，《西南師範大學學報》（人文社會科學版），2005：3，頁 119～123。上述文章皆認爲婦女之天性，促使其在慈善及慈幼方面有所表現，尤其是對於親族之間的慈幼撫養，更具積極性。

〔註78〕 張文於《宋朝民間慈善活動研究》，頁 262～266。張文，〈民間慈善：婦女參與社會活動的有效途徑〉，《西南師範大學學報》（人文社會科學版），2005：3，頁 119～123。張文提及婦女因好佛和好道之影響，認爲這是婦女慈善方面的特點，並舉出 10 例信佛、1 例信道及 1 例喜讀儒學，以墓誌銘證實其所言。光曉霞，〈宋代婦女的慈善活動——以墓志爲中心〉，《樂山師範學院學報》，2011：4，頁 80～85。光曉霞則舉 1 例信佛道、6 例信佛之墓誌銘證實之。

〔註79〕 張文於《宋朝民間慈善活動研究》，頁 262～266。〈民間慈善：婦女參與社會活動的有效途徑〉，《西南師範大學學報》（人文社會科學版），2005：3，頁 119～123。張文認爲宋朝社會對於女性只有在從事慈善公益的部分，對外才持肯定的態度，因此認爲女性在這種社會態度之下，更願意從事慈善事業，以達到進入社會的目的。光曉霞，〈宋代婦女的慈善活動——以墓志爲中心〉，《樂山師範學院學報》，2011：4，頁 80～85。光曉霞則是認爲婦女因傳統觀念的影響，透過慈善事業的開展，以幫助丈夫、兒子在外的聲譽。

〔註80〕 張文，〈民間慈善：婦女參與社會活動的有效途徑〉，《西南師範大學學報》（人文社會科學版），2005：3，頁 119～123。張文認爲婦女在宋朝除有婦女繼承權有經濟基礎從事慈善之外，家庭中如果是由女性長輩管理財政，更具有支配從事慈善事業的權力。光曉霞，〈宋代婦女的慈善活動——以墓志爲中心〉，《樂山師範學院學報》，2011：4，頁 80～85。光曉霞則以女子繼承權以及對於嫁妝的控制權，認爲這對於婦女從事慈善活動，提供了物質條件。

表 3-3-1　婦女收養親戚兒童表

編號	篇　名	時　間	事　例	資料來源
1	吳淑、舒雅傳		淑性純靜好古，詞學典雅。初，王師圍建業，城中乏食。里閈有與淑同宗者，舉家皆死，惟存二女孩。淑即收養如所生，及長，嫁之。	《宋史》卷441，〈列傳·文苑〉「吳淑、舒雅傳」
2	仁壽趙夫人墓誌銘	元豐二年（1079）	養孤族子數人於家，恩意無所間。蓋婦人之行，於是為甚難，而夫人優為之，平居寡笑語，御家有法，事至雖煩，而徐應之必中理。日誦佛書以為常。	《忠肅集》卷14，〈仁壽夫人墓誌銘〉頁21～22
3	上谷郡君家傳	皇祐四年（1052）	夫人姓侯氏……仁恕寬厚，撫愛諸庶，不異己出。從叔幼孤，夫人存視，常均己子，治家有法，不嚴而整。不喜笞撲奴婢，視小臧獲如兒女，諸子或加呵責，必戒之曰：「貴賤雖殊，人則一也。汝如此大時，能為此事否？」	《河南程氏文集》，卷12，〈上谷郡君家傳〉。《皇朝文鑑》，卷15，雍正《山西通志》卷217
4	宋故史夫人墓誌銘	熙寧七年（1074）	夫人雖籍累世豐衍之後，而御己甚約。至於愛人則甚周，親族之貧者既賙其生，又收其孤而婚嫁之。……日誦佛書以自視，而德化承顏養志，晨昏不懈。	《唐風樓碑錄》，廣陵部，〈宋故史夫人墓誌銘〉
5	右牽牛衛將軍妻仙源縣君王氏墓誌銘	元祐九年（1094）	君王氏，父說文州團練使，尚越國賢惠大長公主，越國養君以為子。君既長，事所養禮敬不怠，越國亦愛之如己出，為擇良匹。年十七，嫁宗室右牽牛衛將軍子綸。	《范太史集》，卷48，〈右牽牛衛將軍妻仙源縣君王氏墓誌銘〉，頁6～7
6	魏國王夫人墓誌銘	建中靖國元　年（1101）	高平公既貴，有錄賜，夫人更推財以賙內外。凡男女之孤無所歸，贊高平公為婚姻者數十人，洛陽衣冠家有女子，因其家破為人所略賣，夫人聞之，急推金帛以贖之，為具衣衾資裝以嫁之，於是宗親內外益以夫人為賢而不可及也。	《西臺集》，卷14，〈魏國王夫人墓誌銘〉，頁8～11
7	永寧縣君李氏墓誌銘	大觀三年（1109）	夫人幼孤，掬於其叔父母。	《雞肋集》卷68，〈永寧縣君李氏墓誌銘〉，頁7
8	壽昌縣太君嚴氏墓誌銘	大觀四年（1110）	公之姊妹皆喪夫，子幼，公取以歸。夫人待遇之甚厚。	《道鄉集》，卷37，〈壽昌縣太君嚴氏墓誌銘〉，頁15～17

9	單氏夫人墓誌銘	政和二年（1112）	至於問遺親戚，拊養貧族，嫁遣孤女，沛然若有餘力，而實無旬月之積。	《攡文堂集》，卷15，〈單氏夫人墓誌〉
10	伯姊墓誌銘	政和七年（1117）	撫前夫人之孤，慈仁惻怛，意愛天至，雖甚密者，不知其異也。	《竹隱集》，卷19，〈伯姊墓誌銘〉，頁4～5
11	安人王氏墓誌銘	宣和七年（1125）	長令人之亡，諸幼纍纍肩差，朝夕孺慕，人不堪其憂，安人爲收育撫攜，甚於己子。…終日宴坐誦佛書。	《浮溪集》，卷28，〈安人王氏墓誌銘〉
12	劉汲傳	靖康元年（1126）	穎川曹氏女五歲，鬻於彭氏十餘年，其母陳告，縣取之，愕然不自知，及質其驗者，女身有黑子，出視之，女感泣，汲曰：「彭氏亦須而養，其養彭氏如而母。」女在拜曰：「如公言。」……女貧，及笄不能嫁，則爲嫁之。拊其兄弟之子如己子。	《嵩山集》卷52，〈劉汲傳〉，頁4～8
13	楊君夫人彭氏墓誌銘	紹興二十三年（1152）	楊君有女弟，與夫人之妹早嫠居，生產空索，夫人取養于家，收其孤稚，撫摩聘嫁，必擇大家，如己子，篤於親愛多此類。	《蓮峰集》，卷10，〈楊君夫人彭氏墓誌銘〉，頁11～14
14	陳堂前	乾道九年（1173）	堂前爲買田置屋，撫育諸甥無異己子。親屬有貧窶不能自存者，收養婚嫁至三四十人，自後宗族無慮百數。里有故家甘氏，貧而質其季女於酒家，堂前出金贖之。	《宋史》，卷460，〈列女〉，「陳堂前傳」
15	李母曾氏墓誌銘	淳熙二年（1175）	鄉鄰有流徙者，棄其赤子，母皆收養之，俟其返而歸之。母初未有子，養里中孤兒如己出……喜誦釋氏語	《誠齋集》，卷126，〈李母曾氏墓誌銘〉，頁17～19。
16	劉隱君墓誌銘		武經郎高某夫婦橋死於里中老子之宮，未葬，其子器之如武昌謁親故，又僑死於塗。器之有子尚幼，有女兄新寡，無子，挈一孤女，以依其弟，至是無所於歸。君葬其三喪，教育其子而虞其家，以族子娶其甥兒迎妻其妻母。歲大侵，細民氣嬰兒於野數百，君爲粥以食之，至西成，以歸其父母。	《誠齋集》，卷132，〈劉隱君墓誌銘〉，頁8～9。
17	洪氏孺人墓誌銘	慶元元年（1195）	伯氏已毀繼姐，其室他適，其孤二收育，其男女雖皆其母往孺人顧恤撫存，皆不殊己生，人尤以爲不易，於其難者，饑食渴飲然，餘優爲之，士君子或能之，孺人則無愧，是足以業家法。	《江湖長翁集》，卷35，〈洪氏孺人墓誌銘〉，頁6～8

18	吳氏孺人墓誌銘	寶慶二年（1226）	鄰有襁褓失哺，惻然遣乳媼日字之如己出，歲儉包黍以遣餓者，大侵則捐攻苦食淡之積，倡鄉邑爲粥以食之。	《平齋集》，卷31，〈吳氏孺人墓誌銘〉，《全宋文》卷7013，頁 264～265
19	林夫人墓誌銘	寶慶三年（1227）	（其夫之）季父死，諸孤惸然無助，有淪落之憂，夫人收其子教之若己子，嫁其女使得所從。	《西山文集》，卷45，〈林夫人墓誌銘〉，頁 12～14
20	韓母李氏墓誌銘		葬叔姒之喪，爲嫁女、字幼女。妹喪所天，依夫人以居，沒賴以葬，又收孤甥養之，里人服其賢智。	《後村先生大全集》，卷156，〈韓母李氏墓誌銘〉。

　　婦女在收養親故的遺族扮演著極重要的角色，事實上，就連士人收養親、故友遺孤，最後真正負起撫養實務的都是家中後宅婦女。收養宗親與姻親遺族是長期性的收養，必須要照顧其長大成人，並且男要能讀書識字，進而考取功名。女要幼承庭訓，學習嫁做人妻的技能。最終的目的還是希望做到養育其順利成長。

　　比較特別的例子，如例 3〈上谷郡君家傳〉中的侯夫人，不僅收容親族的遺孤，甚至對於小奴婢也視作子女照顧，可見在程家也有透過收養奴婢爲勞動力的情況。另外，例子 2、4、11、15 中也呈現信仰佛教進而推廣到收養慈幼活動的慈愛之心。亦可互證因佛道而投入慈幼上面的情況。

　　婦女個人慈善收養親族有幾個特點。第一、這個收養是長期性且需投注心力撫養，希望能夠收育親族的同時，也肩負起擔任其父母的責任。第二、該收養並未透過擬制血親的方式收養，僅是提供物資以及教育資源。若爲收養孤女，則最終的目的都是爲其擇配良人，以求安身立命。而收養若爲男子，則最終目的是讓其成家立業。第三、其收養方式不一定是直接收養，也有通過協助養育的方式。第四、其丈夫之前妻子，雖非己子，但繼室之收養需愛若己子甚或超過，方爲真正達到慈愛。

（二）收養遺棄兒童

　　相對於收親族兒童，婦女收養遺棄兒童的情況較少，不排除是隱藏眾中多的婦女慈善行爲之中。若說收養撫育親故遺族之子，是對內的婦女慈善，那收養遺棄兒童，就是婦女對外慈善的一種表現。收養遺棄兒童僅是婦女慈善中的一部份，因此記載並不多。如程頤載〈上谷郡君家傳〉中的侯夫人中提到收養遺棄嬰孩的情況：

　　道路遺棄小兒，屢收養之。有小商出未還而其妻死，兒女散逐人去，
　　惟幼者始三歲，人所不取，夫人懼其必死，使抱以歸。時聚族甚眾，
　　人皆有不欲之色，乃別鬻以食之。其父歸，謝曰：「幸蒙收養，得全
　　其生，願以為獻。」夫人曰：「我本以待汝歸，非欲之也。」〔註81〕

提到其對於道路遺棄小兒屢屢收養。甚至行商出外未歸而其妻死，然其三歲
稚兒卻無人收養，侯夫人懼其小兒死亡收而養之，待到行商歸來而還之小
兒，行商以為欲其小兒收歸其家，而夫人之善乃為求其生不願其死，方才收
養。慈善之心，可見一斑。鄒浩也載嚴夫人事蹟「里有貧女無歸，夫人幼育
而長嫁之。〔註82〕」是以鄉里之中有遺棄貧女無人收養，而嚴夫人不僅從小
收養，也為期擇嫁。楊萬里載李母曾氏之記：「鄉鄰有流徙者，棄其赤子，
母皆收養之，俟其返而歸之。母初未有子，養里中孤兒如己出。……喜誦釋
氏語。」〔註83〕其李夫人收養鄉里之中流民棄子，這部份是屬於臨時性的收
養，待其父母歸而返還之，但不排除父母未歸之情況，可能持續收養，但以
何種身份收養不確定。且李夫人尚未有子時，也收養鄉里中孤兒，並視如己
出。李夫人也是受到佛教的薰陶，而對慈幼有相當的熱誠。同時楊萬里亦載
劉夫人墓誌「見道旁器一女子方晬，雍樹以歸，夫人掬為己子，既長嫁之。」
〔註84〕這是單一收養遺棄小兒的例子，僅收養一名遺棄女嬰，撫育其長大成
人，愛若己子，帶其長而擇嫁。完成其人生父母應盡之責。洪咨夔寶慶二年
（1226）十二月載孺人吳氏事蹟：「鄰有襁褓失哺，惻然遣乳媼日字之如己
出。」〔註85〕這是助養的例子，孺人吳氏助其鄰里失哺之嬰孩，史家中乳母
乳養，視如己出。王珪之母狄夫人「善收孤遺而撫養之。」〔註86〕

　　婦女收養遺棄兒童的情況，在墓誌銘當中的比例，收養親族故人之遺族
少許多。事實上，推論可知此一情況並不少見，但是卻容易跟綜合慈善一起
被淹沒在歷史中，且根據張文的研究，認為婦女慈善在災荒中，透過、施粥、

〔註81〕　〔宋〕程頤，《河南程氏文集》，卷12，〈上谷郡君家傳〉。《皇朝文鑑》，卷15。
　　　　　雍正《山西通志》卷217。
〔註82〕　〔宋〕鄒浩，《道鄉集》，卷37，〈夫人嚴氏墓誌銘〉，頁4。
〔註83〕　〔宋〕楊萬里，《誠齋集》卷126，〈李母曾氏墓誌銘〉，頁17～19。
〔註84〕　〔宋〕楊萬里，《誠齋集》卷132，〈夫人劉氏墓誌銘〉，頁7～9。
〔註85〕　〔宋〕洪咨夔，《平齋集》，卷31，〈吳氏孺人墓誌銘〉。《全宋文》，卷7013，
　　　　　頁264～265。
〔註86〕　〔宋〕王珪，《華陽集》，卷57，〈同安郡君狄氏墓誌銘〉，頁8。

施飯是主要的慈善活動，且對外收養遺棄兒童，算是外事〔註87〕，在著墨上面可能較少，收恤遺棄兒童在外有官設機構收養，且有地方官吏收養，婦人慈善收養遺棄兒童的方式可能傾向於助養，即通過施粥施飯及臨時收養，待其父母歸而領回的情況較多。

三、鄉紳富戶收養遺棄小兒

　　鄉紳、士人對於社會都有一份自己的社會道德意識，要肩負起對社會國家的責任，災荒時，出自己一份力量，家境較佳的也會以己身之力收養災荒中的遺棄小兒。如陸游載詹靖之「及其人遇疾卒，妻前死，男女皆幼稚，貧甚，斂具歸裝，一切皆出公力，又爲營其葬，及嫁孤女之費，吾憾而後已。……古所謂可以囑孤託死者，公眞其人也。〔註88〕路人在路猝死，男女皆幼不僅爲其殮喪，更嫁其孤女。謝薖記載吳伯俞事蹟：

> 歲饑，低穀價以惠貧民，急病不能謁醫者爲發藥治之，賴而活者頗
> 眾。有負子錢數百萬者，焚其券弗問，有娶其兄之子貧不能自給者，
> 分田以養之。其恤於鄉里，厚於宗黨類如此。〔註89〕

對於鄉里之人於歲飢荒時伸出援手，助養其家，而有賣子求食者，亦毀其券以助之。謝逸載季復善行：

> 其孤兒棄於野者，俾耆保大姓收養之。公每行村落，纍纍然迎於道
> 旁數百人，蓋老幼賴公而活者，僅萬人也。時江左諸縣皆旱，有司
> 或不躬親賑濟，而強壯者得之，老弱者不及也。供先籍民以什伍之
> 法，計口而給粟，故老幼無不均之患。江西部使者聞其經畫有理，
> 密遣人錄其條目，頒之所屬，不知所活又幾人也。〔註90〕

請地方的耆保大姓配合收養遺棄孤兒，並且立定規條濟助道路老幼，甚或江西路官員也請人來錄其所立定的規條以賑救更多人。胡銓孝宗乾道九年（1173）載向澹「他郡流移則食穀境上，損直以售。有入境者，預飭佛老之

〔註87〕　〔宋〕王珪，《華陽集》，卷57，〈魏國夫人陳氏墓誌銘〉，頁13～15。王珪言：「婦人無外事，其能勤儉以正家，柔愛以睦族，固以謂賢，況持節義若此？」

〔註88〕　〔宋〕陸游，《渭南文集》，卷39，〈詹朝奉墓表〉，頁9～12。

〔註89〕　〔宋〕謝薖，《謝幼槃文集》，卷10，〈吳伯俞墓誌銘〉，頁2～3。

〔註90〕　〔宋〕謝逸，光緒《撫州府志》卷9，光緒五年刻本。乾隆《臨川縣志》，卷五。同治《臨川縣志》，卷9，〈故朝奉大夫渠州使均季公行狀〉。

宇爲寢食地，至者如歸。遺棄赤子，則令流民字之。」〔註91〕以寺觀爲其流民收養之處，並且令流民協助爲收養遺棄兒童。陸游也記載蘇玭「於橋槑道路廡置，委積產蓐，醫藥莫不爲之經理而埋骼殣死，長養孩幼尤篤，後數十年，士民追論之猶感涕也。」〔註92〕其中長養孩幼，收養遺棄小兒達數十年，可能是長期臨時收養遺棄小兒以待父母歸，或者收養小兒直至其長成，這兩種可能性都有。孝宗淳熙二年（1175）朱熹記載李發：

> 推才讓產……恤孤懷幼。……歲旱，犯烈日徒步數十里爲鄉人致禱，雨爲立應，人尤德之，歲或不登，輒以食餓者，自春徂冬，日以千數。乾道戊子，民饑甚，官爲振廩勸分，而就食君家者日至三、四萬人。〔註93〕

李發不僅收育孤幼，且在災荒時助養人數達三、四萬人。更神奇的是歲旱與鄉人致禱，竟然下雨人謂其德，故感動天而雨。薛季宣亦載劉進之收養於災荒時收養事蹟：

> 會郡太守袁公孚奉宣詔旨，司戶劉公朔左右之，君與鄉人徐讜求賑救之方得趙清獻公《就菑記》以獻，袁公榜於座右，視以爲法，爲是生者得食，病者得藥，死者得藏，孩提之委棄者得以長養，君之居理亦緣君得官米以給，全活無慮千萬計，其端皆自君啓之。〔註94〕

劉進之配合當地官吏，利用趙清獻公之《救災記》，使得路邊遺棄小兒得以長養。雖然有個人慈善的成分，但也有可能配合當地官府建設了兒童收養設施。

楊王休曾說：「嘗聞道旁兒啼聲，得嬰兒於枯木中，因籍城內外，得遺棄者百餘人，悉加撫養，據遂生全。」〔註95〕楊王休因於路旁發現嬰兒於枯木中，最後竟於內外收養遺棄者達百餘人。善心撫養了這些嬰兒得以全生，是功德無限。何澹寧宗嘉定四年（1211）記載黃通「從平江校官所請得廢寺沒官等田三百餘石，名義廩，歲取范文正公及教養其遺孫。士有入上庠預薦登科、貧不能葬親，與嬰孩之遺棄者，皆有助。」不僅利用戶絕產設義廩仿

〔註91〕　〔宋〕胡銓，《胡澹庵先生文集》，卷29，〈興國軍太守向朝散墓誌銘墓誌銘〉。
〔註92〕　〔宋〕陸游，《渭南文集》，卷39，〈吏部郎中蘇君墓誌銘〉，頁3～8
〔註93〕　〔宋〕朱熹，《晦庵先生朱文公文集》卷94，〈承務郎李公墓碣銘〉，頁29～34。
〔註94〕　〔宋〕薛季宣，《浪語集》，卷34，〈劉進之行狀〉，頁5～11
〔註95〕　〔宋〕樓鑰，《攻瑰集》，卷91，〈文華閣待制楊公行狀〉，頁1～19。

范仲淹模式助士人，也收養路邊遺棄嬰孩。

士人與豪族富戶於災荒時收養遺棄小兒情況。而士人以個人收養遺棄小兒的重點，第一、這些人不僅是發起者，組織者同時擔任捐助者的角色。〔註96〕，第二、此種類型的收養是附屬於災荒及濟貧整體救濟的一部份。第三，而這些收養是臨時性的，於災荒中提供一處容身，最終的結果可推論有幾項，其一，父母前來識認，歸其本生父母撫養。其二，為遺棄小兒尋找可收養之家長期收養，其中包含其父母之親友都是可託付的對象。其三，將其送到官方設置的綜合型或專門兒童收養機構收養。也有士人以個人之力收養遺棄小兒直至其長大成人，不一定是以良人的身份收養，亦可能以使喚的身份收養之。第四、其收養遺棄小兒的經費來源除了自身之俸祿、家財之外，也有配合地方富戶、寺觀產業之力以行臨時收養遺棄小兒。總體而言，士人在個人慈善兒童收養方面的確發揮一定的作用。

本節討論對於士人及婦女慈善的活動，可分成對於宗族親故的長期性收養和對於災荒遺棄兒童的臨時性收養，利用墓誌銘資料，呈現出宋朝個人慈善兒童收養的情況。總體而言，在個人慈善收養方面，對於宗族親故的收養是長期性的，需撫育其長大成人，成家立業，嫁娶有歸。而其收養提供父母需給子女的一切需求，但不包含法定擬制血親關係的建立。

而災荒時期遺棄兒童的收養，最主要的特色在於臨時性，暫時提供場所乳養和提供糧食，期待其父母歸來之後，能夠回歸本生父母家中。但後續處理若為有人認領應屬於個人慈善，不具強制性，因此，一旦個人慈善的臨時性收養期間結束，其遺棄兒童可能面對的同樣的困境。或者由個人慈善繼續收養，或藉由轉介到官方收養機構助其成長。

總體而言，個人慈善出於個人對於社會困境的協助，以一己之力或配合官方公布之方法，協助收養遺棄兒童。在宋朝，個人慈善負擔起一部份的，國家社會責任，宋朝在個人慈善事業是相當發達。

第四節　寺、觀收養

宋朝兒童收養寺觀扮演著極重要角色。宋朝僧道雖可透過度牒免去差役，僧道須於災荒時提供人力、空間、資源協助政府，幫助災民度過災荒時

〔註96〕張文，《宋朝民間慈善活動研究》，頁223～224。

期。因僧道形象清明，地方長官、士人多要求協助管理官設機構、官督民辦設施收支。避免貪污舞弊。寺觀也有戶絕危機，藉收養遺棄小兒為寺觀童行，避免戶絕，否則面臨官府以「戶絕」之名，將寺產檢校他用，無法延續寺觀香火。官府利用寺觀擁有固定的空間和糧食的資源，勸喻寺觀收養遺棄小兒，減輕政府收養上的負擔。

一、空間提供

　　寺觀應用是宋朝政府在面對災荒時，可利用的空間，官方能運用的空間有限，寺觀之閒置空間，可於災荒時期安置災民，提供臨時收養的地點。如眞宗景德元年（1004）也曾「命殿中侍御史劉益、殿中丞皇甫選詣鄆、濮、淄、齊、青、濰等州，安撫河朔驚移南渡之民。仍詔河南州軍常切存撫，令隨處于寺觀安泊，無致失所。」〔註97〕神宗熙寧元年（1068）下詔：「京東、京西轉運司轄下州縣，應河北遭水流民到彼，並仰寺廟空閑處安泊。」〔註98〕同年七月，詔：「恩、冀州河決水災，可選官分詣，若有溺死人口，量其大小，賜錢有差。其居處未安，令於官地搭蓋，或寺觀廟宇存泊。內有被浸貧下人戶，令省倉賜粟。」〔註99〕哲宗元符元年（1098）高郵軍遭蝗害時戶部上奏中提出：「仍預先量數支錢斛，付隨近寺觀或與有力戶，就便博易給散。」〔註100〕

　　高宗紹興三十一年（1161）詔：「契勘淮南流移百姓，老小扶攜，飢餓乞丐於道，無所依倚。……仰將官舍及空閑寺院、廊屋使之棲泊。」〔註101〕寧宗慶元元年（1195）沈詵上奏也提到：「弱孤獨殘患流離道路，皆當衿恤。乞許令州縣別委官踏逐空閑寺院收養。」〔註102〕

　　寧宗嘉泰元年（1201）臨安府披火，受災人口暫時安置在寺觀中由官府抄劄收養人戶，依大人、兒童之不同給糧。〔註103〕

　　寧宗開禧三年（1207）福建提舉司於崇安縣遭洪水時也建議「所有流離

〔註97〕〔清〕徐松，《宋會要輯稿》，職官41／82，景德元年十二月二日條。
〔註98〕〔清〕徐松，《宋會要輯稿》，食貨69／41，熙寧元年八月二日條。
〔註99〕〔清〕徐松，《宋會要輯稿》，瑞異3／4，熙寧四年七月條。
〔註100〕〔清〕徐松，《宋會要輯稿》，瑞異3／4，元符元年十一月四日條。
〔註101〕〔清〕徐松，《宋會要輯稿》，食貨69／60，紹興三十一年十一月八日條。
〔註102〕〔清〕徐松，《宋會要輯稿》，食貨69／60，慶元元年六月七日條。
〔註103〕〔清〕徐松，《宋會要輯稿》，食貨58／23，嘉泰元年七月二十一日條。

無歸之民，並令於縣學、米倉、寺觀、廟宇等處從便居住。」〔註104〕

　　嘉定三年（1210）福建提舉常平司在汀州寧化縣發生大火時，也曾有所措置：「火勢方定，揭榜曉諭被火之家，從便往寺觀等處暫泊。」〔註105〕

　　嘉定四年（1211）浙東提刑司於慶元府火災時也上奏提到：「當時兩次給散米糧接濟，仍告示毗近寺觀，時暫存留居止。」〔註106〕

　　嘉定五年（1212），建康府因天氣雪寒，陳傅良上奏建康府創建養濟院奏狀中也提到「惟是流移貧民養於僧廬者凡三千四百餘人」。〔註107〕嘉定六年（1213）兩浙轉運司也因紹興府遭水換提出建議當中即有「載人民赴本縣兩廊幷高仰寺觀從便歇泊，多方存恤。」〔註108〕

　　嘉定十四年（1221）明堂赦文也提到：「遇有歸業無屋存泊之人，即聽從便踏逐係官屋宇及寺觀安泊，毋致失所。仍多出文牓曉諭。」〔註109〕在戰爭兵火波及州縣，如有人戶因必戰禍，無家可歸之人，也提供官屋和寺觀時他們得以暫時被收養。

　　不論是在戰亂之地、火災、水災、蝗災等災荒中，寺觀均扮演著臨時收養的角色，而宋朝中央政府、地方政府、官員建議收養災民時，不約而同的利用寺觀的閒置空間，提供給災民一個暫時棲息的住所。兒童在寺觀的人當中只是收養兒童中的一部份，並非全體。政府在救濟災荒時，兒童往往以七歲爲限。大人日給一升，小兒減半，係指七歲以下小兒，若需乳哺之小兒，寺觀縱有空間也無力濟助，因此須轉介至有乳之家來乳養。

　　政府利用寺觀閒置空間安置受災的居民之外。官設兒童收養機構直接使用寺觀空間措置，如錢塘安濟坊利用近城寺院寶勝院；仁和安濟坊利用近城寺院善化坊內四所閒置地，收養老幼不能自存之人。〔註110〕常德居養院利用鄉落內寺觀空間分置居養院。〔註111〕建康府居養院增置時利用廢棄寺廟，增加居養院空間以增加收養的員額。〔註112〕

〔註104〕〔清〕徐松，《宋會要輯稿》，瑞異3／23，開禧三年七月五日條。
〔註105〕〔清〕徐松，《宋會要輯稿》，瑞異2／43，嘉定三年十一月十七日條。
〔註106〕〔清〕徐松，《宋會要輯稿》，瑞異2／45，嘉定四年二月二十一日條。
〔註107〕《全宋文》，冊270，卷6114，頁383。
〔註108〕〔清〕徐松，《宋會要輯稿》，瑞異3／26，嘉定六年六月十八日條。
〔註109〕〔清〕徐松，《宋會要輯稿》，食貨58／33，嘉定十四年明堂赦文條。
〔註110〕《仁和縣志》，卷7，頁1～2。
〔註111〕〔宋〕朱熹，《晦庵先生朱文公文集》，卷92，〈岳州史君郭公墓碣銘〉，頁1～4。
〔註112〕《景定建康志》，卷23，〈廬院‧養濟院〉。〔宋〕袁燮《絜齋集》，卷13，〈龍

綜合型收養機構較多直接利用寺觀內部閒置空間進行收養。係考慮到下列三種因素爲寺觀：第一，指標意義。有些寺觀座落位址於鬧區或交通便利之處，地點明確，便於收養及發放糧食。而且遊客多，遺棄兒童較容易被發現，得到立即救助，不致死亡。第二，座落於山中或者城郊，腹地較大，有效提供官府大規模臨時收養地點。第三，寺觀空間除開放型空地外，尚有足以遮風擋雨的室內空間，可依據天氣狀況的不同而收養棄嬰。

二、人力配合

僧道提供當地政府人力資源爲差役，僧侶和道士利用自給自足的田產收益、香客提供的香油錢盈餘以納稅及修葺寺廟，尼寺和女冠也有田產收益和香油前之外，也有手工業如刺繡、染布、造紗等手工產品，獲取生活所需及繳稅需求的。〔註113〕而在兒童收養上面，這些僧道也協助政府在管理和派發賑濟糧食，提供了人力資源。這一點在黃敏枝的研究中也提到在宋朝的賑濟活動，常會商請僧人擔任庶務和行政工作。〔註114〕同時，僧人也透過協助政府在臨時收養、居養院、慈幼局等綜合型以及專門型收養機構，以得到度牒。雙方各有所得互蒙其利。

僧道協助行政和庶務，例如孝宗乾道年間創設的吳興利濟院，則由僧人和童行各一名，分別主管該院的收支。〔註115〕淳熙八年（1181）西原庵創立者本身就是修道之人，利用耕田種藥，收養需幫助之人。〔註116〕寧宗嘉泰元年（1203）和州居養院也使數名僧行協助管理居養院的運作。〔註117〕嘉定三年（1210）安溪縣安養院也由釋徒自願者選取兩名，協助管理院內事務。〔註118〕嘉定五年（1212）重修，理宗寶祐五年（1257）增修的建康撫養濟院，其管理人員爲一僧，且每年都會以質庫息錢購買度牒，使該僧人取得職業憑證。〔註119〕淳祐元年（1241）年設置的修武養濟院，由浮屠氏智

圖閣學士通奉大夫尚書黃公行狀〉，頁 27。
〔註113〕黃敏枝，〈宋代婦女的另一側面——關於宋代的比丘尼〉，收入《唐宋女性與社會》，頁 643。
〔註114〕黃敏枝，《宋代佛教社會經濟史論集》，頁 422〜426。
〔註115〕〔宋〕楊萬里，《誠齋集》，卷125，〈提行徽猷檢正王公墓誌銘〉，頁 24〜29。
〔註116〕〔宋〕朱熹，《晦庵先生朱文公文集》，卷79，〈西原菴記〉，頁 2〜4。
〔註117〕〔清〕徐松，《宋會要輯稿》，食貨 60／1，嘉泰元年三月十一日條。
〔註118〕《全宋文》冊305，卷6965，〈安溪縣安養院記〉，頁 211。
〔註119〕《景定建康志》，卷23，〈廬院・養濟院〉。〔宋〕袁燮《絜齋集》，卷13，〈龍

顯專任灑掃。〔註120〕另外，寶祐五年（1259）設置的明州廣惠院也是由行者一人，掌灑掃的工作。〔註121〕另外吉水居養院的設置，也是因為吉水縣丞黃閌所書「廬陵八邑，其七皆有居養院，吉水獨無之。凡鰥寡孤獨者，老者疾者，率棲寄浮屠氏，結草為廬，風日不蔽。且浮屠氏亦厭苦之，相與請於閌。」可知吉水縣居養院創設前，收養的任務為寺觀僧道之責，實因不堪其收養之俗務太多，上報於縣丞，始有吉水居養院創建。〔註122〕此外，在慈幼莊的例子中，建康府慈幼庄於寧宗嘉定十年（1217）設置，其中管理人員也商請，蔣山、保寧、清涼、天禧等四寺輪差僧人一名，行者二人協助管理。〔註123〕

據資料可知，僧人涉略的管理職務，第一，管理收支，基於信任僧道較一般人不易起貪念，故讓僧道擔任此一責任。第二，庶務協助，例如灑掃院內，維持環境衛生清潔，洗滌衣物、棉被等日常用品。第三，簿冊管理，登記收養員額，措置配給糧食。值得注意的是，宋朝僧道協助管理收養的管理人員為男性僧道，不見女性的女尼和女冠。黃敏枝認為宋朝為避免男女混雜，寺觀分男女別居，且女尼的戒律較男性僧道多，不能如同僧道一樣周遊四海尋道，尼寺的設置比起僧道寺觀的數量少很多。尼寺分佈不廣，能發揮的作用不如僧道寺觀，但黃敏枝也指出，若這些尼寺能夠收養不舉女嬰，也是好的安排。考慮到尼寺無法乳養女嬰，可透過穀食等替代乳副產品，以免女嬰飢餓之苦。

三、收養為童行

童行即尚未擁有度牒的無執照僧侶。而童行對於遺棄小兒來說，可能是一段過渡時期，利用童行身份度過童年時代，不一定會成為僧侶。

第一類為收養機構孤遺小兒。此類寺觀收養，當遺棄小兒成為童行後，協助政府管理居養、安濟、漏澤、慈幼，或協助地方公益事業，得到政府發放紫衣或度牒，成為有照僧侶。〔註124〕亦有年少失怙，被寺觀收養為童行，

圖閣學士通奉大夫尚書黃公行狀〉，頁27。
〔註120〕《全宋文》，冊346，卷7998，〈修養濟院記〉頁280。
〔註121〕《開慶四明續志》，卷4，〈廣惠院〉。〔宋〕吳潛，《履齊遺稿》，卷3〈養濟院記〉。《宋平城成坊考》，附錄，頁11。
〔註122〕〔宋〕程珌，《洺水集》，卷7，〈吉水縣創建居養院記〉，頁54～56。
〔註123〕《景定建康志》，卷23，〈廬院‧慈幼庄〉，頁38。
〔註124〕〔宋〕范祖禹，《范太史集》卷14，〈乞不限人數收養貧民箚子〉，頁6～8。

如「海南道人，字穎孺，出生乃十二日而失母，年七齡而爲沙門。」〔註125〕
又如惟尙法師本姓曹，幼歲爲僧，徧參於叢林，得法於英普照常住壽聖本雪
峯結菴。〔註126〕皆在年幼即被收養爲童行，非透過收養機構收養。也有因父
母遭強盜攻擊抛卻小孩，例如吳念謙就曾經記載一婦人爲盜所擄，以盒裝其
兒隨水流去，被僧人收養。〔註127〕

　　第二類，家貧出家。例高僧宗可塔，家中行醫，但因家中子女過多，父
親命其出家，向其師文習醫得高深醫術，成爲有名的僧侶。〔註128〕這個例子
在黃敏枝〈宋代佛教寺院與地方公益事業〉認爲宋代僧侶對於宋朝各項公益
事業有極大的貢獻。在地方慈幼事業方面也透過出借寺觀空間，提供災荒遺
棄小兒臨時居所，並透過收養遺棄小兒爲童行，使遺棄小兒長立之後，得有
容身之處。〔註129〕

　　第三類係小時被預言，預言的內容包含與佛有緣。例如惟湛法師在出生
前，即有僧侶告訴其父母，曰：「汝當生子六人，其第五者愼勿留之，宜令出
家，必弘大教。」〔註130〕然後於大中祥符年間其母生法師，其父想起之前僧
所言，乃從其志，讓惟湛禮雙林寺慧勤爲師。眞宗天禧中普渡天下僧尼，惟
湛得以剃度。後果然成爲名僧。擇瑛法師也在出生前，母親王氏夢二日相趁
而至，兩年間誕下二子，父母異之，具令出家，擇瑛法師爲其次子，涉經博
略。〔註131〕這一類的僧侶被收養，雖實墓誌銘中有神化這些高僧的情況，但
這種因預言被寺觀收養爲僧侶培育，確實出現在許多高僧的墓銘中。

　　第四類立志出家，如泐潭準禪師，在其年八歲時，及辭父母，願從普歸。
〔註132〕釋單異爲越州餘姚杜氏子，丱角已有超拔之志，脫素于龍泉寺。於皇
祐年間剃度。〔註133〕這一類被寺觀收養的人，多半是出自個人意願，請求父

　　　提到四福田院條例當中，每年特與僧一名紫衣，行者三人剃度，推恩至厚。
　　　但也同時限制各個僧侶如果照顧這些人多存活若干人，即與剃度一名，如死
　　　損及若干人，及減剃度一名。
〔註125〕〔宋〕釋惠紅，《石門文字禪》，卷36，〈題所錄詩〉，頁14～15。
〔註126〕〔宋〕吳自牧，《夢梁錄》，卷17，〈歷代方外僧〉，頁5。
〔註127〕〔宋〕周密，《齊東野語》，卷8，頁4。
〔註128〕〔宋〕劉宰，《漫塘文集》，卷31，〈醫僧宗可塔銘〉頁33。
〔註129〕黃敏枝，《宋代佛教社會社會經濟史論集》，頁427。
〔註130〕〔宋〕釋元照，《芝園集》，（合肥：黃山書社，2008）〈秀州超果惟湛法施行
　　　業記〉，卷上，頁19～22。
〔註131〕〔宋〕釋元照，《芝園集》，〈杭州祥符寺瑛法師骨塔銘〉，卷上，頁25～28。
〔註132〕〔宋〕釋惠洪，《石門文字禪》，卷30，頁7～9
〔註133〕〔宋〕釋元照，《芝園集》，〈越州餘姚異闍梨塔銘〉，卷上，頁29～30。

母將其戶籍除去以出家宏志。需在不違法的情況下才能遂其所願，即需官方認可，不可以私自入道，否則一經發現，就必須改正，回歸其本生戶籍。

僧侶也需要透過研習佛教經典，學習佛教儀式、管理寺院，幫助宋朝政府管理相關的措施，更甚者學習醫術，救助災荒、貧病之人，透過寺廟收養童行，使寺廟得以延續，免於寺觀戶絕，以傳承寺觀衣缽。

即便被寺觀收養為童行，或者被尼寺收養為沙彌尼，最終未必成為僧、道、女尼、女冠。成為正式的有照僧道，必須取得度牒。

方法如下：一、透過考試取得，如「諸試經、撥度若守掌金寶牌應度童行，或僧、道陳乞紫衣、師號，保奏不依式，或事節未備而輒奏者，杖一百，點勘官減貳等。」〔註134〕、「諸童行已供帳，次年方許試經，應撥度者，亦如之。」〔註135〕

二、利用協助官方賑濟；國家節慶時發下各寺觀之度牒；荒政時給降度牒購買度牒成為有照僧道得到國家認同，通過繫帳的手續，即將其名單列入國家管理得僧道名單簿冊。

三、從僧入道，如「林靈素字通叟，本名靈噩，溫州人。少嘗事僧為童子，嗜酒不檢，為僧笞辱，發憤棄去為道士。」〔註136〕

因此，就算被收養為童行，也僅是一種過渡的身份。還俗之人也所在多有。還俗有幾種可能，一未取得度牒，二為國家認為僧道人口太多，有損國家人力資源，因此勒令還俗。三為遺失度牒，未於期限內申報取得公憑，如飭令中有「諸僧道亡失度牒，還俗」。〔註137〕四為因犯罪，官府勒令還俗，依法「諸僧、道犯罪應還俗而會恩原者，仍還俗。〔緣酒醉還俗者非。〕」〔註138〕

國家雖有令寺觀收養遺棄兒童為童行之法，但實際上，並非所有童行皆能如願取得度牒終身為僧、尼、道、冠。而針對寺觀在兒童收養上面無論是空間的提供，人力資源的付出，乃至於成為實際收養兒童的場所。寺觀收養協助的確是宋朝政府處理收養遺棄小兒問題的一大助力。

〔註134〕《慶元條法事類》，卷50，〈試經撥度·勅〉，頁691。
〔註135〕《慶元條法事類》，卷50，〈試經撥度·令〉，頁692。
〔註136〕《宋人軼事彙編》，卷20，〈方士〉，頁1131。
〔註137〕《慶元條法事類》，卷50，〈師號度牒·勅〉，頁697。
〔註138〕《慶元條法事類》，卷50，〈總法·勅〉，頁689。

第四章　特殊收養

　　特殊收養針對宋朝特殊狀況下的兒童收養。包含皇宮內部的宦官、宮女的收養，宦官個人的兒童收養，根據各種職業需求收養兒童的情況，雖有大辟罪人兒童收養問題，但因法條與一般法條的內容出入不大，相關資料太少，而且在第一章相關法律部分已做簡略討論，故此節不討論。

　　第一節通過宮廷收養兒童的情況，分成內侍收養和宮女收養。第一部份，內侍收養的情況，自唐朝已有法令規定內侍收養兒童辦法，須符合條件與特殊情況方可收養，如違律收養則依罰則懲罰，針對內侍收養兒童，分析法令且透過實例釐清宋朝內侍收養情況。內侍收養分成兩個方面討論，其一為皇宮收養兒童內侍，培育之後成為宮中的勞動力。其二以承嗣或養老為目的內侍兒童收養。

　　第二部分宮女收養，原因包含進宮為皇帝儲備王妃、女官以及負責庶務的宮女。除非皇帝下旨許可出宮，或者在宮中服役一定的期限後，可依規定出宮。宮女在宮中各司其職。通過從小培育與各司相關的專業技能，以達到服務皇帝、妃嬪的目的。第二節針對因職業需求，須從小收養培養專業技能，或者從小收養以儲備勞動力，培養簡單技能，服務收養家。再者，針對零星的例子，例如醫、巫等需要透過學習特殊知識，取得一技之長的職業收養。探討第一章到第三章以外為討論的收養狀況。

第一節　內侍與宮女收養

　　針對宮廷內部的收養行為，首先是內侍收養。內侍收養有二，其一，為

服務皇帝以及妃嬪，且避免紊亂宮室，男子自小淨身入黃門爲宦官，學習宮中禮儀及培養服務的能力。宮廷提供年幼宦官食、衣及俸祿，經過驗身、考核後成爲皇宮庶務的執行者和管理者。其二，官方針對內侍爲宮廷服務所做的犧牲，無法擁有自己子嗣承繼宗祧，以及年老無人侍奉的情況，特許其收養義子。

其次，針對宮廷內部宮女收養，收養原因爲其一爲儲備妃嬪，儲妃多爲朝中官員女眷或皇室宗親女眷，以及外族進貢的女子。其二爲服務宮中女眷及皇帝的勞力。從小進宮，學習服務的技能，由皇宮提供食宿收養之，長成之後依能力各司其職，直到終老或御命出宮。然而宮中女官除了負擔宮中的各項職務之外，也有可能成爲皇帝的嬪御。皇宮藉由收養宮女，儲備皇帝的嬪妃人選之外，也培育小宮女成爲各項宮中女官職務的繼承者，維持服務皇族的品質。

一、內侍收養

內侍收養分成兩個部分，第一部分是由皇宮收養年幼宦官，以充作服務勞力之用。宋朝收養年幼宦官爲勞力，在程序上與前朝並無不同，需先透過淨身的程序，進入內侍省，再接受訓練，考核後分配到各內官所執掌的處所，負責專屬的工作。

第二部分討論宦官收養養子的原因，和其收養的限制條件。宦官得收養子嗣在已有先例，因宦官不具生育能力，故朝廷特頒旨許其可收養養子，但因側近皇權，故有一定限制。

（一）宮廷收養

宋朝管理宦官爲「內侍省」。具《宋會要輯稿》記載：「國初有內班院，淳化五年改黃門院，又改內侍省內侍班院，景德三年止名內侍省。」〔註1〕後又有入內內侍省，管理內侍的進宮、升遷、人員配置、皇室的禮儀等皇宮大小庶務。宮廷宦官來源有六種途徑。

第一，作奸犯科被處以腐行，後入宮服務。因犯罪而受宮刑，入皇宮工作，服務皇宮中人。

第二，爲求生存進宮服務。如宦官藍繼宗原爲廣州南海人。被宦官劉銀，

〔註1〕〔清〕徐松，《宋會要輯稿》，職官36／11，「內侍省」條。

於十二時帶回皇宮爲宦官。〔註2〕宦官蘇利涉自廣州以閹人從劉鋹入朝。〔註3〕
雖國朝之初，太祖規定：「宋世待宦者甚嚴。太祖初定天下，掖庭給事不過五
十人，宦寺中年方許子爲後。又詔臣僚家毋私蓄閹人，民間有閹童孺爲貨鬻
者論死。〔註4〕宋朝嚴防宦官干政，宋初宮內宦官人數不過五十人，又下詔不
得私蓄閹人，如民間有閹童被以貨物買賣者論死。亦有自宮而後入宮者。

第三，改朝換代，被施以宮刑入內服侍。

第四，因特殊目的入宮服侍。〔註5〕有一些宦官會因爲朝堂上面需要宮中
耳目，或者後宮需要特殊的服務而入宮。

第五，前朝宦官繼續爲宦官。宋朝包含五代爲內侍的竇神寶、〔註6〕後周
爲內侍的王繼恩〔註7〕、李神福之父李繼美，爲後周的御廚都監、〔註8〕閻承
瀚〔註9〕等人，皆在五代當內侍，後入宋繼續當內侍的。

第六，世皆爲宦官者，如《宋史》〈宦者傳〉中記載包含衛紹欽、周懷
政、宋用臣、王中正、李舜舉、李繼和、高居簡、甘昇等人，皆接續其父之
職，或者以父之蔭補官爲內侍。

欲入皇宮的兒童淨身後，包含入宮淨身者與在宮外自宮者。年幼即入宮，
學習各項宮廷禮儀和服務皇帝、妃嬪、宗親的能力，再分配其工作場所。如
太宗朝宦官王仁瑞，年十餘歲即能服侍太宗，非常有可能其年幼就進宮，且
歷經內侍小官到服侍太宗，其經歷也證明宦官在宮內服職，有一定的訓練養
成過程，訓練完畢後才能夠在皇宮內服侍皇帝及其嬪御。〔註10〕太宗朝宦官
秦翰十三歲進宮爲內侍，至開寶年間升職。〔註11〕太宗朝鄧守恩十歲便以入

〔註2〕　〔元〕脫脫，《宋史》，卷467，〈宦者傳二・藍繼宗〉，頁13633。
〔註3〕　〔元〕脫脫，《宋史》，卷468，〈宦者傳三・蘇利涉〉，頁13654。
〔註4〕　〔元〕脫脫，《宋史》，卷466，〈宦者傳一〉，頁13599。
〔註5〕　閻月嶺，〈中國古代宦官探究〉，《河南省政法管理幹部學院學報》，2002：6，
　　　　頁121〜122。提到以上四點。
〔註6〕　〔元〕脫脫，《宋史》，卷466，〈宦者傳一・竇神寶〉，頁13600。
〔註7〕　〔元〕脫脫，《宋史》，卷466，〈宦者傳一・王繼恩〉，頁13602。
〔註8〕　〔元〕脫脫，《宋史》，卷466，〈宦者傳一・李神福〉，頁13605。
〔註9〕　〔元〕脫脫，《宋史》，卷466，〈宦者傳一・閻承瀚〉，頁13610。
〔註10〕　〔元〕脫脫，《宋史》，卷466，〈宦者傳一・王仁睿〉，頁13601〜13062。「王
　　　　仁睿，不知何許人。年十餘歲，事太宗于晉邸。服勤左右，甚淳謹；及即位，
　　　　宣傳指揮頗稱旨。歷入內小底都知、洛苑副使。命典宮闈出納之命，最居親
　　　　近。」
〔註11〕　〔元〕脫脫，《宋史》，卷466，〈宦者傳一・秦翰〉，頁13612。「秦翰字仲文，

宮侍奉太宗〔註12〕，鄧守恩也以十歲之齡侍奉太宗。而前述有關藍繼宗例子，可知宦官有一定的升官機制。

兒童進宮爲宦官，除可得溫飽外，也可透過服務得到內官官職，如得寵，因側近皇權也可庇蔭家族，不得寵，也可得三餐溫飽，直至老死，亦有閹割之時，受不住疼或傷口受感染死亡。爲避免男子入內與紊亂皇室血緣，閹割男子生殖器成爲宦官成爲服務皇室的一員。通過失去生殖能力，以得到一份「工作」。雖然有非兒童年齡進宮的宦官，但皇宮收養兒童擔任宦官培育能力，以延續內侍府工作的人力，卻是宋朝兒童收養的一個部分。

（二）宦官收養養子

宮中內侍失去生育能力，從唐朝開始就設立相關收養法規，考慮其年老需人照顧以及承繼宗祧的問題，允許他們得收養義子一名。甚至入住宮中照顧。宋朝承襲唐朝在這一部分的規定，也允許宦官得以收養一名養子。但宋朝爲防範宦官干政的問題，避免重蹈前朝覆轍，故在宦官收養方面較前朝嚴格，執行、管控宦官收養養子的人數。如太祖乾德四年（966）詔：

> 准唐開元七年詔：「內侍五品以上，許養一子，以同姓者充，初養不得過十歲。」又准寶曆二年詔：「百官及方鎮之家，不得私置白身內侍者。」自今內官不班品，須年及三十以上，兼見在朝廷繫職，方許養一子。若是自有養父見在，不得轉置養子，餘依開元、寶曆中處分。如降詔前已有養子數多者，不在此限。內外士庶不得將童男養爲宦者及規求財利。所在嚴加覺察，違者不赦。〔註13〕

承襲唐玄宗開元七年（719）詔令的規定：一、內侍五品以上；二、同姓者；三、初養不得超過十歲。符合以上三個條件，內侍方可收養一子。且同時遵照唐敬宗寶曆二年（826）詔令，內官不需依照官品，只要符合：一、年三十以上；二、現在朝廷繫職；三未有養父在世，即可收養一子。同時禁止宦者買賣童男。開寶四年（971）因民間多有內侍財物爭訟，補充前令之不足下達詔令：

> 前詔內侍不計官品高低，逐人許養一子，以充繼嗣。近日訪聞多

眞定獲鹿人。十三爲黃門，開寶中遷高品。」
〔註12〕〔元〕脫脫，《宋史》，卷466，〈宦者傳一・鄧守恩〉，頁13627。「鄧守恩，并州人。十歲以黃門事太宗。」
〔註13〕〔清〕徐松，《宋會要輯稿》，職官36／2，乾德四年六月條。

> 有論訟，爭競資財，宜令宣徽院曉示見在內侍：自今日已前已有
> 養男者，不計人數，明具姓名、年幾，報宣徽院置籍收係。今後
> 如年滿三十已無養父，欲收養義男者，本家具姓名、年幾，經宣
> 徽院陳狀以聞，候得指揮，給與憑據收養。若衷私養者，許人斜
> 告處死，告者賞錢百千，以犯事人家財充。如詔前已有義男多者，
> 不許人數，分析久後資產，特許諸子均分。如帳籍無名，不在此
> 限。〔註14〕

因內侍收養養子以充繼嗣，引發多起爭財訴訟，命令宣徽院通知現有官職內
侍，在法令頒佈之前，不計其已養子人數，須至宣徽院登記列冊，內侍所收
養養子的名冊，給公憑證明養子身份，如若已有多人以上養子，在詔令頒佈
以前收養多人以上者不罰，但須申報列冊管理，宦官死後，其家產諸養子均
分。詔令下達以後，內侍有私養一人以上養子者，許人告官，告者有賞錢百
千，且收養者處死。懲罰其抗命收養一人以上。仁宗嘉祐四年（1059）詔；
「入內內侍省臣員多，自今權住進養子入內。」〔註15〕以及宋神宗熙寧五年
（1072）詔令：

> 入內內侍省供奉官以下至黃門，並本省所管諸內品見無兒男充內食
> 祿者，許養私身內侍一子爲繼嗣，初養日不得過十歲，須已身年三
> 十，無養父或養父致仕，方許具狀，經本省與狀充係內侍，遇聖節
> 依名次收補食祿，如未進名及以係名間淪亡，亦許依上項條約別養
> 子。若已有一子，更養次子爲私身內侍者，當行處斬，不在自首之
> 限外，並依前後條令入內內侍省明諭之。〔註16〕

將以上綜合可得知，符合內侍收養要件有三：第一，收養子初養日養子不得
超過十歲。第二，內侍必須年齡在三十歲以上。第三，該名內侍必須沒有養
父或者養父已經致仕。這才構成得以收養的要件，但收養僅限於一子，如果
額外收養次子，則構成犯罪之要件，罰則爲處斬，且不得以自首減輕刑罰。

　　係因法外開恩許內侍養子已是聖德，若額外再收養子，有結黨之虞，加
以內侍爲貼近皇族之人，有側近之便，恐致危害到皇室安全，故限制其收養
員額。

〔註14〕〔清〕徐松，《宋會要輯稿》，職官36／2，開寶四年七月條。
〔註15〕〔清〕徐松，《宋會要輯稿》，職官36／11，嘉祐四年五月十一日條。
〔註16〕〔清〕徐松，《宋會要輯稿》，職官36／16，熙寧五年閏七月九日條。

圖 4-1-1　宋朝宦官收養養子流程圖

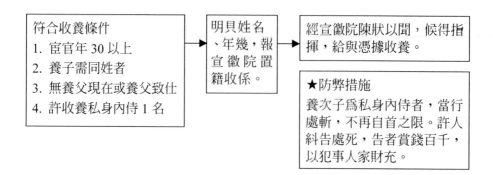

符合收養條件
1. 宦官年 30 以上
2. 養子需同姓者
3. 無養父現在或養父致仕
4. 許收養私身內侍 1 名

→ 明貝姓名、年幾，報宣徽院置籍收係。

→ 經宣徽院陳狀以聞，候得指揮，給與憑據收養。

★防弊措施
養次子為私身內侍者，當行處斬，不再自首之限。許人斜告處死，告者賞錢百千，以犯事人家財充。

　　宦官收養的原因，有以下幾種。其一，承嗣。宦官失去生育能力，為使其家族也得以延續，詔令其符合規定呈報宣徽院得許可後，可收養一子以充承嗣。如「蓋京師謂內侍養子不闍者，謂漢兒也。」〔註 17〕可見宦官收養養子不僅限於收養年輕內侍，也有收養一般男童。

　　其二，養兒防老。宦官收養年輕內侍，以備自己年老時有人照顧。例如「周懷政，并州人。父紹忠，以黃門事太宗，從征河東，得懷政于亂屍間，養為子。」〔註 18〕還有如「張若水，字益之，開封人，惟吉養子。以惟吉奏補小黃門，事章惠太后殿。」〔註 19〕周懷政為周紹忠者在河東軍事之後的亂屍中尋獲，並收養之，但其後也成為宦者，因此，僅能盡祭拜祖先、孝養之責，無法承嗣。

　　其三，擴大權勢地位。宋朝內侍收養的養子可以蔭補，例如「衛紹欽，開封人。父漢超，內侍高品。紹欽始以中黃門給事晉邸，太宗即位，補入內高品，甚被親倚。」〔註 20〕「王中正字希烈，開封人。因父任補入內黃門，遷赴延福宮學詩書、曆算。」〔註 21〕「李舜舉字公輔，開封人。世為內侍，曾祖神福，事太宗以信謹終始。舜舉少補黃門。」〔註 22〕也有如張去為者：

　　　　張去為，內侍張見道養子也。初為韋太后宅提點官，累遷至安德軍

〔註 17〕 《宋人軼事彙編》，卷 16，〈滕茂實、曹勛、朱弁、周麟之〉，頁 854。
〔註 18〕 〔元〕脫脫，《宋史》，卷 466，〈宦者傳一‧周懷政〉，頁 13614。
〔註 19〕 《宋人傳記資料索引》，〈張若水〉，頁 2394。〔宋〕王銍，《默記》卷上，頁 1。
　　　　 兩者記載相近。
〔註 20〕 〔元〕脫脫，《宋史》，卷 466，〈宦者傳一‧衛紹欽〉，頁 13624。
〔註 21〕 〔元〕脫脫，《宋史》，卷 467，〈宦者傳二‧王中正〉，頁 13642。
〔註 22〕 〔元〕脫脫，《宋史》，卷 467，〈宦者傳二‧李舜舉〉，頁 13644。

> 承宣使、帶御器械，又遷內侍省押班。時見道爲入內內侍省押班，
> 父子並充景福殿使。去爲寖有寵，請以一官回授見道，帝嘉而許之。
> 其後見道以保康軍承宣使致仕，而去爲與秦檜、王繼先俱用事，升
> 延福宮使，累遷至入內內侍省都知，恃恩干外朝謀議。〔註23〕

張見道爲內侍，張去爲乃其養子，從太后問宅提點官升遷至安德軍承宣使，後與其父一人爲內侍省押班。一人爲入內內侍省押班，與秦檜、王繼先合作，累官至入內內侍省都知。宦官透過養子身份擴大自己的權勢，即便在防範宦官甚嚴的宋朝也不能免除。

其四爲奉皇命收養。如宦官張景宗奉皇命收養張茂實之例：

> 張茂實太尉，章聖子，尚宮朱氏所生。眞宗畏劉后，凡後宮生子，
> 皆不留，以與內侍張景宗，令養視，遂冒張姓。既長，景宗奏授三
> 班奉職，入謝日，眞宗曰：「孩兒早許大也。」滕元發言，嘗因其病
> 問之，至臥內，茂實岸幘起坐，其頭角巉然，眞龍種也。〔註24〕

具上述可知尚宮朱氏產子茂實，但眞宗畏懼劉后不敢留其親生子，托宦官張景宗收養，後以宦官之子的身份官拜太尉，因此認爲其必與皇帝有血緣關係，張景宗代皇帝撫養其不敢相認之皇子。但司馬光《涑水紀聞》載：

> 初，周王將生，詔選孕婦朱氏以備乳母。已而生男，眞宗取視之，
> 曰：「此兒豐盈，亦有福相，留宮中娛皇子。」皇子七歲薨，眞宗以
> 其兒賜內侍省都知張景宗爲養子，名曰茂實。及長，累歷軍職，至
> 馬軍副都指揮使。有軍人繁用，其父嘗爲張氏僕。用幼聞父言：茂
> 實生於宮中，或言先帝之子，於上屬爲兄。

張茂實乃周王乳母進宮前已生之男，眞宗在皇子七歲薨亡之後，將張茂實賜給內侍張景宗扶養，張茂實與皇帝並無血緣關係，僅是皇子乳母之子。姑且不論張茂實是否爲眞宗皇子，但張景宗受皇帝之命收養張茂實卻是事實。因此宦官因皇命收養兒童也是宦官收養的一個原因。

二、宮女收養

宮女有兩大來源，一是透過選秀等儲妃的形式進到宮中，成爲未來皇帝妻妾的內官命婦。二是宮中女官，係爲服務皇帝、皇宮妃、嬪而設置的宮官

〔註23〕〔元〕脫脫，《宋史》，卷469，〈宦者傳四·張去爲〉，頁13671。
〔註24〕《宋人軼事彙編》，卷3，〈諸王宗室〉，頁111。

系統，有自己的品階，透過從小進到宮廷培養基礎服侍技能，一定時間訓練後分類到各專司各種服務的部門，例如洗衣、針黹衣物製作、設備措置擺放、首飾設計、飲食等宮中生活所需。通過服務皇宮中的上層階級獲得俸祿，並且由皇宮提供其成長所需的物資。待到符合出宮的條件，皇帝下旨出宮後，才能離開。否則就得老死宮中。

（一）宮女來源

1、正常來源

宮女的來源主要有四種途徑：其一，通過採擇，皇帝派遣使者，以容貌為標準，入宮以服役為主。在唐以迄五代以宦官為採擇使，在民間選取有貌美的女子入宮。如《宋史》〈職官〉中配給內外命婦的物資中提到宮廷中有「采女」一職。〔註25〕但後又載「宋朝承舊制，皇后之下有貴妃、淑妃、德妃、賢妃、昭儀、昭容、昭媛、修儀、修容、修媛、充儀、充容、充媛、婕妤、美人、才人。〔舊有寶林、御女、采女，國朝不置。〕」則雖有采女之名，後又廢置，可見宋朝的宮中仍有通過「採擇」入內的。哲宗孟皇后的傳記載，「初，哲宗既長，宣仁高太后歷選世家女百餘入宮。后年十六，宣仁及欽聖向太后皆愛之，教以女儀。」〔註26〕經過採擇的方式選入宮中，並且教導女儀等規矩。採擇的宮女雖然也有超過十五歲收養年歲的，但更多的是小於十五歲，入宮之後學習禮儀規矩，改由宮中提供衣食住等物資需求，實際上由皇宮在以生活所需物質收養。

其二通過徵求，皇帝的妃、嬪多是透過徵求的方式入宮，以「良家女子」為主，標準為符合有才藝和容貌的女子入宮，入宮後容易得到皇帝的眷顧，如仁宗朝的張皇后，便是以士大夫之女身份，年幼入宮。

> 溫成皇后張氏，石州軍事推官、贈太師開府儀同三司、安定郡王堯封之女。幼入宮，為御侍。慶曆元年封清河郡君，進封才人、修媛。後忽被疾，請下遷為美人。八年十月封貴妃。生莊順、莊定、莊慎三大長公主。皇祐六年正月八日薨，年三十一。追冊為皇后，諡曰溫成。

張皇后之父為朝廷命官，以朝廷命官之女入皇宮，幼年入宮，雖與家族血緣關係依舊，但其入宮的那一刻起，成為皇帝的嬪御，實際提供其養育物資者

〔註25〕〔元〕脫脫，《宋史》，卷116，〈職官志三・官告院〉，頁3841。

〔註26〕〔元〕脫脫，《宋史》，卷243，〈后妃傳下・哲宗昭慈聖獻孟皇后〉，頁8632。

為宮廷。張皇后是徵求之中較成功的一個例子，可以一路攀昇，到貴為皇后。宋朝尚有其他例子，如神宗欽慈陳皇后，幼年聰明莊重，被選入宮，為皇帝御侍，生下徽宗之後，從美人一路升至皇后。〔註27〕神宗朝的林賢妃幼年選入宮中。〔註28〕神宗朝的武賢妃亦為幼選入宮。〔註29〕而因貌美被選入嬪妃，但更大多數是失敗的例子，到死只是一名宮婢。如理宗朝謝皇后進宮之時，家人曾擔心的說出：「即奉詔納女，當厚奉資裝，異時不過一老宮婢，事奚益？」〔註30〕可見入宮都不免有一輩子老死宮中的可能。

其三，進貢女口，在戰爭期間大量擄獲的女口或者偏遠地區進貢的美女，但宋朝曾有記載高麗使節來宋的情況：

> 到海外諸國，稱大宋回易，使謁戎王，傀以綾錦奇玩，并招其貴人
> 用事者，珍羞畢陳，女樂迭奏，皆其國中所未嘗睹，其君臣大悅，
> 遂以名馬易美女，且為治舟載馬。〔註31〕

以進貢的模式交易物資，以名馬交易美女的情況，在宋朝也是宮女的來源之一。這四種途徑在宋朝女童收養中比較重要的是「採擇」和「徵求」，這兩種方式進宮的宮女，多年幼或者年近及笄，與家族中關係延續，但實際給予物資照顧的是宮廷。〔註32〕

2、特殊來源

因犯罪被配沒者，官員中犯重罪者，妻女配掖庭服役，這個規定唐朝已有，或者因大規模政局變更，犯罪家族中的女眷配役到宮廷中成為「宮婢」，宋朝有仁宗慶曆四年（1044）中的詔令中記載：

> 詔：「慶州叛兵親屬緣坐者，令環慶路經略司檢勘服紀、年甲。應元
> 謀反手殺都監、縣尉，捕殺獲者，其親屬當絞者論如法；沒官為奴
> 婢者，其老、疾、幼及婦女配京東、西，許人請為奴婢，餘配江南、
> 兩浙、福建為奴；流者決配荊湖路牢城。非元謀而嘗與官軍鬪敵，
> 捕殺獲者，父子並刺配京東、西牢城；老、疾者配本路為奴。諸為

〔註27〕〔元〕脫脫，《宋史》，卷243，〈后妃傳下・神宗欽慈陳皇后」〉，頁8631。
〔註28〕〔元〕脫脫，《宋史》，卷243，〈后妃傳下・神宗林賢妃〉，頁8631。
〔註29〕〔元〕脫脫，《宋史》，卷243，〈后妃傳下・神宗武賢妃〉，頁8632。
〔註30〕〔元〕脫脫，《宋史》，卷243，〈后妃傳下・理宗謝皇后〉，頁8658。
〔註31〕《宋稗類抄》，卷3，〈鑒識〉，頁45。
〔註32〕參考姜維公、姜維東，〈唐代宮女述略〉，《唐宋史研究》，2010：3，頁57～63。大體唐朝和宋朝宮女的來源相似，此處筆者參考其所列來源之途徑，於宋朝的史料中尋找相同的宮女來源。

奴婢者，男刺左手，女右手；餘親屬皆釋之。」叛軍家屬皆誅者，
凡九指揮。李清臣謂韓絳：「軍士謀叛，初不告妻子，宜用恩州故事，
配隸爲奴婢。」〔註33〕

慶州叛變，配沒其親屬老、幼、婦女爲奴婢，雖沒有記載發配到宮廷爲宮婢，
但這是在宋朝家族中有人犯重罪而被配爲奴婢的少數史料之一。特提到此
條，是因爲這些被配爲奴婢之人也包含兒童，發配到的地方也安置兒童。此
外慶曆八年（1048）也記載：

詔前餘姚縣主簿李逢、河中府觀察推官徐革凌遲處死；武舉進士郝士
宣腰斬；李逢妻爲逢久棄出外，免沒官，度爲尼，男女沒官爲奴婢；
逢叔司農少卿禹卿，姪分宜縣主簿襲、汝州推官毅，前永濟縣主簿顏，
並免真流；兄祕書丞遠免沒官，並除名勒停，遠送湖南編管；姪龔免
決配，江東編管；徐革妻、男女、弟並沒官爲奴婢。〔註34〕

族中有人犯重罪，家中他口、女眷、幼年人口均官配爲奴婢管理，雖得活命，
但須付出勞力服勞役，是以族中人士犯罪的連坐處罰。宋朝的宮廷中官奴婢
的情況幾乎是沒有，甚至大規模配沒官宦女眷的情況極少。〔註35〕

（二）宮女養成教育

在宮中之女官分爲內官系統，及指以皇后爲首的妃、嬪系統。宮官系統，
指掌管皇宮內部各項事務的六尚系統。不論是內官或者宮官，皇室收養這些
女性在宮中的目的有二，其一爲成爲皇帝的妃嬪，爲其生育子女。宋朝宮官
有以下品制：

宋朝承舊制，皇后之下有貴妃、淑妃、德妃、賢妃、昭儀、昭容、
昭媛、修儀、修容、修媛、充儀、充容、充媛、婕妤、美人、才人。
……大中祥符二年，特置貴人。六年，增置淑儀、淑容、順儀、順
容、婉儀、婉容，在昭儀之上。司宮令一員，在尚宮之上。仁宗乾
興元年，置貴儀，在淑儀之上。〔註36〕

〔註33〕〔宋〕李燾，《續資治通鑑長編》，〈神宗〉卷 12，熙寧四年三月辛丑條，頁
5384。
〔註34〕〔宋〕李燾，《續資治通鑑長編》，〈神宗〉卷 12，熙寧八年五月丁丑條。
〔註35〕戴建國，〈主僕名分「與宋代奴婢的法律地位」──唐宋變革時期階級結構研
究之一〉，《歷史研究》，2004：4。一文中也提及宋朝官奴婢的情況，除宋初
熙寧年間的例子之外，史料幾乎未載官奴婢的紀錄。
〔註36〕〔清〕徐松，《宋會要輯稿》，后妃 4／1，「內職」。

但是事實上不論有否品秩，成爲皇帝的嬪御是所有的女官的職責。收養這些女官教育其宮中禮儀，以及如何應對，爲女官訓育課程之一。待到成爲正式內命婦。才能得到俸祿。如寧宗朝的楊皇后，在《宋史》中記載，「恭聖仁烈楊皇后，少以姿容選入宮，忘其姓氏，或云會稽人。慶元元年三月，封平樂郡夫人。三年四月，進封婕妤。有楊次山者，亦會稽人，后自謂其兄也，遂姓楊氏。」〔註37〕然而在《宋稗類抄》中卻記載：

> 楊后會稽人，其母張氏舊隸德壽樂部，誕后東朝禁中，自是養於宮中，既久，新樂純熟，所生母還民間，后在楊才人位下，以琵琶隸慈福宮，舉動當太后意，寧宗朝長信宮悅之，後憲聖以賜寧宗，進位爲婕妤，后醜其母家，會有楊次山者，亦會稽人，后自謂其兄也，遂姓楊氏。〔註38〕

更爲詳細的記載在《宋人軼事彙編》中在楊后事蹟：

> 楊皇后，或云會稽人。其母張氏，舊隸德壽宮樂部，以久次出適於外，隨夫至儀眞，僦長蘆寺，寺僧善相，謂張氏宜有貴女，勸之仍還行都。一日奏樂，孝宗以爲不諧，中貴人奏老舊者得旨嫁出，今皆新習，乞使已出者通籍入內廷，新故參教，上可之。自是張氏復還樂部，時后在姙數月矣，及期乞歸外館，憲聖曰：「第令產仙韶院何害。」遂誕后東期禁內。三日洗兒，憲聖臨視，戲祝曰：「長大福祿及吾。」自是養於宮內。既久，新樂純熟，所生母與儔侶俱還民間，后在楊才人位下爲雜劇孩兒，及長以琵琶隸慈福宮，舉動無不當太后意。〔註39〕

綜合三書的記載可知，楊后原爲隸屬樂部的伎人張氏與其夫產女於東禁之中，後其母親出宮，自幼養於宮中，學習樂曲，特別是琵琶，後於楊才人底下以雜劇孩兒的身份被收養，隸屬於慈福宮。得到憲聖太后喜愛，賜予寧宗爲妃嬪，後爲皇后後，羞恥其出身不佳，遂依官員楊次山爲兄，改姓楊氏。可推知宮女入宮還有養成過程，依樂部來說，樂器和戲曲等訓練是必須的。楊后母親張氏舊隸屬於樂部，出宮之後嫁與他人，但遇到宮中樂部訓練成果不彰，新的宮女尚未熟練樂曲，復招張氏入宮，與新任樂部宮女演奏之外，

〔註37〕〔元〕脫脫，《宋史》，卷243，〈后妃傳下·寧宗楊皇后〉，頁8656。
〔註38〕《宋稗類抄》，卷4，〈權譎〉，頁52。
〔註39〕《宋人軼事彙編》，卷3，〈楊后〉，頁95。

也訓練其儘早熟悉樂曲演奏之事。而楊后誕生於禁中，而後養於宮中，學習樂部樂曲彈奏，而後其生父、母出民間，楊后在楊才人底下擔任雜劇孩兒的演出工作，並且學習琵琶的彈奏，並隸屬於慈福宮，專職彈奏琵琶，甚得太后喜愛。宮女受到培育至長成之後分配職務，隸屬於不同的部門。從楊后一例中可見一斑。

其二爲與宦官互相配合管理宮廷大小庶務。宮中需要服務的上級，包含皇帝爲主的皇室成員，而服務這些皇室的人除宦官外，尚有宮官系統女官。宋朝的宮人女官職員所需員額眾多且分類龐雜。以《宋會要輯稿》當中所載宮中女官的職位，將其上下位階和負責的事務以附表一的方式表明。

女官官職加起來共二百七十九人，服務宮中所有皇室的成員，因爲執掌事務非一朝一夕可學成，幼年入宮學習庶務的處理、學習禮儀。從小宮女收養入宮，迄成爲各個負責部門的女史，從掌職、典職、司職、尚職、最高的尚宮，整體是一個完整的培育過程。

而這二百七十九人只是正式成爲宮中女官的數量，並不包含皇帝妻妾等內官系統的嬪御。

這種方式的收養，宮女並未脫離原生家庭親屬關係，以類似「嫁入」概念進入皇宮，皇宮提供食衣住行等物資，並且賦予宮女習字的權力，也是少數女子能夠讀書識字的群眾之一。並且在得照執掌官職後也有俸祿。而宮女付出的代價則是自由和提供皇室成員勞力服務獲取成長所需的物資。

綜上所述，皇室透過收養小宦官和小宮女培育其勞動的能力，提供皇室成員皇宮中一切生活所需的勞力，這些兒童被皇宮收養，皆與原生家庭關係依舊，但須列冊於皇室的管理簿冊，以備管理。皇宮收養宦官和宮女提供勞力、自由和生育能力換取生存與官職的也是宋朝兒童收養的其中一個部分。宋朝兒童收養不論在皇室收養宦官與宮女或者內侍收養養子，在這個部分之特色仍舊是承襲前朝。

第二節　職業收養

兒童收養根據宋朝的法令，在居養院、慈幼局、慈幼莊等專門收養機構，都有規定長立十五歲，聽從便，除非於十五歲前就被人收養，否則，十五歲之後，便需離開收養機構以自力更生。收養機構開始明確的指出：「養而後能

教」，並且讓孤兒擁有一技之長。多以政和七年（西元 1117 年）之詔令「居養院孤貧小兒內有可教導之人，乞令入小學就讀。」〔註40〕政府會提供孤貧小兒中能讀書者上學的機會，使孤貧小兒得以讀書識字，將來得以考取功名。或提到「凡居養院遺棄小兒，許宮觀、寺院養為童行，庶得所歸。」〔註41〕允許宮觀、寺院將遺棄小兒養為童行，僅是一部分的遺棄小兒出路。

除被一般人家收養以及被居養院、慈幼局等收養機構收養之外的兒童，透過職業需求，收養遺棄小兒學習相關技能，或通過付出勞力，被人收養。本節探討需要通過收養兒童以延續其工作的職業。就職業收養方面，雖被收養兒童是通過付出勞力獲得這份職業，且收養者是有目的性的收養這些兒童，與一般所認為的兒童收養有所出入。也具有非經兒童自願而產生的收養行為。似乎與一般人所想像的收養有所出入，然而這種社會黑暗面的實際收養方式，或許才是兒童收養中，眾人所不願提及，但卻是真實的一面。

一、收養為伎

伎者包含以醫卜曆算之類，以方術維生之人、百伎雜戲藝人、以音樂舞蹈表演為生的人。伎藝的累積需時，非一朝一夕一蹴可及，因此需要長時間技能培養，方能以此為生。

（一）女伎收養

宋朝的妓延續分成官妓、營妓和私妓。官妓部分採世襲制，一旦落籍為妓戶或者樂戶，少數能除去賤籍，官妓收養異姓小兒的情況比較不多見，除非是透過買賣的方式使其入籍。妓戶收養多半使女性淪為賺錢的工具，通過收養年幼的女童，從小便開始被訓練相關的詩詞歌賦、樂舞等技藝，使購買者得牟取更多的利益。因宋代禁止官員宿娼，私妓的發展較官妓來的發達。加以宋代施行「設法賣酒」制度，店鋪多有售色來輔助經濟，私妓的需求量大增，有相關的史料記載。〔註42〕妓戶收養也分成幾類不同的收養方式：

第一類為良家婦女被略賣淪為妓戶，如在宋人傳奇小說《譚意歌傳》中

〔註40〕〔清〕徐松，《宋會要輯稿》，崇儒 2／29、食貨 60／7，食貨 68／136，政和七年七月四號條。

〔註41〕〔清〕徐松，《宋會要輯稿》，崇儒 2／29、食貨 60／7，食貨 68／136，政和七年八月十六號條。

〔註42〕武舟，《中國妓女文化史》，頁 207。

譚意歌本爲良家婦女，因父母雙亡，被小工張文收養，後因貌美被官妓丁婉卿相中，遂將其買進樂戶。〔註43〕而杭州著名妓女莘瑤琴也是因爲靖康之亂南逃之時，與家人走散，被人擄賣至王九媽處。被王九媽收養爲妓，收養時說了：「家中雖有三四個養女，並沒個出色的。愛你生得齊整，把做個親女兒相待。待你長成之時，包你穿好喫好，一生受用。」莘瑤琴從小吟詩做賦、琴祺書畫、女工刺繡皆精通，加上貌美，便在落難時淪落被鴇母收養。〔註44〕從王九娘口中所說得知，同時間收養很多養女培養其才藝以期待產生更多的產值。又如梁紅玉也是在靖難之時，流落至京口爲軍妓。

第二類爲家道中落，淪落爲妓。或者因家中貧困，無法維持生計，只好將女兒賣入妓院，被妓院收養爲女。例如董成二郎在其死後，其家日敗，妻女遂淪爲娼。〔註45〕宋朝名妓李師師，是在父親犯罪繫獄之後，無處可去，遂被娼籍李姥收養，長大之後，因其貌美又具技藝，故在所屬坊曲中相當有名。〔註46〕這也是家道中落後，淪落爲妓中一例。

在〈序妓子所自〉一文可以清楚知道收養爲妓的情形：

> 曰：「妓之母皆假母也。」〔京師俗呼爲爆炭，不知其因，意者以難姑息故耳。〕以妓色蒼狡悍者爲之。諸女自幼丐育，或傭其下里。傭雇也。貧家常有無無之賴，潛爲漁獵，亦有良家子爲其家聘之，後以轉求厚賂，誤纏其中，則無以自脫，且教之歌，久而賣之，其日賦甚急，微涉退息，邊撲備至。年及十二、三者，盛飾衣服，即爲娛賓之備矣。用假母姓，從便呼以女第、女兄爲之第行。諸母亦無夫。其未甚衰者，悉爲諸郎將輩生之，或私蓄侍寢者，不以夫禮待，多有游惰者，於三曲中，而爲諸媼所養，俗呼爲廟客，不知何謂？〔註47〕

首先會有無賴到貧困之家挑選漂亮的女孩，其賣入妓院，進入妓院之後，稱呼鴇母爲假母，從小一面從事奴婢的工作，一面學習歌舞，待到十二三歲長成之時，便開始盛裝打扮從事娛賓的工作。被收養的年幼妓者使用其假母的姓氏，按收養順序，互稱女兒和女弟。這一篇文章將收養爲妓的目的和形式

〔註43〕〔宋〕秦醇〈譚意歌傳〉，收入〔宋〕劉斧，《青瑣高議別集》，卷2，〈譚意歌傳——記英奴才華秀色〉，頁1。

〔註44〕〔明〕馮夢龍，《醒世恆言》，卷3，〈賣油郎獨佔花魁〉，頁30～69。

〔註45〕〔宋〕洪邁，《夷堅志・支乙一》，卷3，〈董成二郎〉，頁2。

〔註46〕佚名，《李師師外傳》，頁1。

〔註47〕〔宋〕金盈之，《新編醉翁談錄》，頁2。

都描寫出來。可以囊括前兩類的收養爲妓的情況。

第三類係貪慕榮華富貴，因目眩於燈紅酒綠、綾羅綢緞等高物質享受，而自願脫離本生家庭被妓院收養。

第四類因長相美貌或身段優美，遭牙儈或鴇母誘使其先學藝，繼而被拐騙落籍妓戶，被龜鴇收養。

第五類爲世代娼籍者。因母落籍爲娼家，無以維生，只能繼續舊業，以獲取生存，也有娼家但生存不易，將女兒賣給他人。如《宋史》載郝節娥傳中載：

> 郝節娥，嘉州娼家女。生五歲，母娼苦貧，賣於洪雅良家爲養女。
> 始笄，母奪而歸，欲令世其娼，娥不樂娼，日逼之，娥曰：「少育良
> 家，習織作組紃之事，又頗精巧，粗可以給母朝夕，欲求此身使終
> 爲良，可乎？」母益怒，且箠且罵。〔註48〕

此例中郝節娥，本出身於娼家，但因其母親貧苦，賣與良家爲養女，但其長大之後，母親又將其領回，欲令其爲娼以養母，然其不願再入娼家，卻遭母親毒打。後因不願從娼投江而死。這個例子也指出落籍娼籍後，事實上，非常難脫離這個職業。

也有收養後，教授其技藝，再高價出售給曲坊，或賣入大戶人家。例如宋理宗時劍州知府徐元杰曾經痛斥過：

> 都人生女，自襁褓而教歌舞，計日而鬻之，不復有人父母之心。士
> 大夫以其良貴不貲之身，每每自戕於冶容苟售之賤。則夫嚴事君父
> 而告之，以不邇聲色，覬其毓粹清明也，奚其信。〔註49〕

雖這種通過技藝教習以尋求高價出售的情況，不一定都是養父母，也有可能是親生父母，但不可否認的是，這種通過訓練培養技藝，在售出的情況，的確是將被收養的兒童視爲投資商品。

再如宋人廉宣筆記中記載：

> 興元民有得闌遺小兒者，育以爲子，數歲美姿首，民夫婦計日：「使
> 女也，教之歌舞，獨不售數十萬錢邪。」婦曰：「固可詐爲也」因納
> 深屋中，節其食飲，膚髮腰步皆飾治之，比年十二三，嫣然美女子
> 也。攜至成都，教以新聲，又絕警慧，益祕之不使人見，人以爲奇

〔註48〕〔元〕脫脫，《宋史》，卷460，〈列女傳·郝節娥〉，頁13479。
〔註49〕〔宋〕徐元杰，《楳埜集》，卷3，頁16。

貨，里巷民求爲妻不可，曰：「此女當歸之貴人。」於是女僧及貴游好事者踵門一覿面輒避去，猶得錢數千，謂之看錢，久之有某通判者，來成都一見，心醉，要其父必欲得之，與直至七十萬錢乃售，既成券，喜甚，置酒與客飲，使女歌侑酒，夜半客去，擁而致之房，男子也。大驚遣人，呼其父母，則遁去不知蹤跡，告官召捕之，亦卒不獲。〔註50〕

收養遺棄男童爲子，以女之技藝教習之，長年訓練，且不與人知爲男子，收取看錢，最後將其嫁給大戶人家，得錢「七十萬」，待到主人家發現被詐騙，養父母早以逃之夭夭，這種有計畫性的收養，培育技藝，再獲取利潤，案例發生於南宋建炎年間，可見南宋初年，對於各類型通過收養男、女童，以此得利的職業培養應有相當比例。

再者比較特殊的技藝人爲皇宮中的教坊內人，如在《能改齋漫錄》中載宮中設置教坊兩處，右教坊善歌，左教坊善舞。妓女入所設置的宜春院，稱之爲「內人」，也稱爲「前頭人」，家住設置在教坊內，稱之爲「內人家」，四季給米，得幸者，謂之「十家」。〔註51〕這也是宮中所設置並且收養的兒童的一個部分，在宋朝的節慶中常會出現小兒致詞隊以及女童隊等表演的團體，如《夢粱錄》中記載「小兒隊、女童採蓮隊……今杭城有女流熊保保，記後輩女童皆效此說。」〔註52〕這些小兒、女童可能來自於教坊內人。透過訓練，在慶典以及國家宴會上面表演，國家也季給米糧養助這些教坊內人。不同於宮女這些內人雖然由國家養育，但是卻能夠嫁給同一個教坊的樂工或者相同處所的人。對這些教坊內人來說，進入教坊學習歌舞，並且透過表演技藝獲取生存的米糧。但也有表演歌舞然後得到皇帝臨幸的教坊內人。故教坊內人爲隸屬皇宮官伎，提供皇宮慶典、宴會表演活動。與宮女由皇宮提供養育的物資有相類似的地方。樂部包含樂伎和樂工，多施行內婚制，其來源固定與內侍來源較雜的情況不同，實際上樂部收養的情形較少，故收養外姓的情況不多。

〔註50〕 〔宋〕廉宣，《清尊錄》，頁2。本例在梁庚堯，〈宋代伎藝人的社會地位〉：收入《宋代社會經濟史論集》，頁100～115。一文中引用說明這些歌童舞女大多透過市場上的官司牙嫂雇賣，市場反應不錯。可推知從小訓練伎藝並且透過販賣來牟利的情形常見。

〔註51〕 〔宋〕吳曾，《能改齋漫錄》，卷6，〈事實一‧教坊內人〉，頁124。

〔註52〕 〔宋〕吳自牧，《夢粱錄》，卷20，〈妓樂〉，頁4。

（二）男伎收養

男性路歧人，類似男性街頭藝人或者樂工等具有特殊技藝之人，收養男童培育以延續家業的情況。收養男童以繼承己身之技藝。如〈賣油郎獨佔花魁〉一劇中賣油郎朱重，便是從汴京逃難到杭州時被當地油店的老闆朱十老收養，原本姓秦，被朱十老收養之後，改名叫做朱重。〔註53〕又如宗立本，家中世代爲從事絹帛買賣的商人，但其年長都未曾有兒，紹興戊寅（1158）夏，與妻販縑帛抵濰州，將往昌樂，遇夜，駕車於外，就宿一古廟，數遇見一個小兒，一問之下，發現小兒父母雙亡，被家中奴婢收養，故決定收養該名小兒以繼承家業，沒想到其孩童天資聰穎，能屬文，即便學習路歧技藝也很快速，宗本遂決定放棄其業，培養這個孩子。但沒想到三年後遇到一名胡僧，說其小兒爲五台山的五百小龍之一，非人也。遂失去小兒。〔註54〕通過收養異姓遺棄小兒以繼承家中商業貿易的情況也是有的。

夏竦知洪州時，當地巫術非常盛行的情況，其中也曾提到「嬰孺襁褓，誘令寄育，字曰：『壇留』、『壇保』之類，及其稍長，傳習妖法，驅爲僮隸。」〔註55〕在襁褓中的嬰兒，就抱入祭壇養育，等其稍微能識認時便傳習，相關的巫術和法術。沈宗憲認爲這是有計畫性的收養兒童繼承巫術以延續當地的巫術。〔註56〕雖然以國家立場而言傳習妖法，妖言惑眾，有背國家統治，然而站在另一個角度，這些師巫收養兒童繼承其祭祀、祈禱等相關的術業，使兒童成爲職業師巫的情況，也是宋朝兒童收養中，職業收養中的一部分。

再者如錢仲乙也是被收養之後，雖未繼嗣其收養者，但其養父收養錢仲乙之後，傳習醫術與錢仲乙，也能夠使自己的醫術得以傳承下去。〔註57〕

（三）乞丐收養

收養爲乞丐以謀取他人同情心或通過技藝得到大眾施捨，在宋朝，被乞丐收養，接近能夠共同活下去的人討生活的情況。年幼之人，容易得到大眾的同情心，因此收養被遺棄小兒，或利用其年幼得到大眾同情，或利用其有殘疾得到大眾施捨。例如：在《江隣幾雜志》及言：「都下一小兒，才三歲，

〔註53〕〔明〕馮夢龍，《醒世恆言》，卷3，〈賣油郎獨佔花魁〉。
〔註54〕〔宋〕洪邁，《夷堅甲志》，卷2，頁9～10。
〔註55〕〔宋〕李燾，《續資志通鑑長編》，卷101，天聖元年十一月戊戌。
〔註56〕沈宗憲，〈國家祀典與左道妖異〉，國立臺灣師範大學歷史學研究所博士論文，2000，頁111。
〔註57〕〔宋〕劉跂，《學易集》，〈錢乙傳〉，頁1～5。

無有難曲，按皆中節，都市觀者如堵，教坊伶人，皆稱其妙，在母懷食乳，撚手指應節，蓋宿習也。」〔註 58〕這小兒無人知是何來？但卻能夠藉由彈奏樂曲得到大眾的汩目，或能藉此得到施捨。又如夏侯嘉正曾見一名乞丐，稱爲劉童子，年幼眼盲，善聲骨及命術，謂曰：「將來須及第，亦有清職。」〔註 59〕因耳朵聽不見，卻能夠利用掌握命理之學以求得營生。也有收養長相奇特小兒，使其學會特殊的技藝，達到用表演爲生的目的。如：

> 宣和間沂密有優人持二子，號曰：「胡孩兒。」年各六、七歲，童首
> 而長鬣，所至觀者如堵，自云：其婦攣生，此二兒生而有鬣，亦不
> 知優人所自來，後失所在，尋而胡醜亂華。蓋人妖也。〔註 60〕

這個例子中有一個優人，及表演者，帶著兩個長相奇特的小孩，不用表演就可以得到眾人的注目，一個奇特的小孩已經很特別，更何況有兩個，年各六、七歲，雖然文中沒有對於他們的收養的描述，也通過收養特殊兒童以達到表演得錢的目的。

　　宋朝的乞丐根據形成的原因有災荒戰亂、土地兼併與窮困潦倒、官方措置失當、行旅克難、家庭因素、軍隊檢退或逃兵、流配籍沒、僧道的乞食或者身有殘疾者。根據以上這些原因形成宋朝的乞丐，而乞食也是一門技巧，透過乞食等謀生技能如表演賣藝、行醫卜卦、販賣物品、勞力零工、騙術訛詐、盜取錢物、死纏爛打、群體強索等方式取得溫飽。〔註 61〕乞丐收養遺棄小兒沒有正式的官方文書證明。其原因可能爲出自於同情心，雖然乞丐三餐不繼，但同是天涯淪落人，對遺棄小兒可能有一份同理心，將乞討得來的食物分一部份餵食，也算是積德。

　　其二，乞丐孤獨生存，也想要後半生不需乞討，或者少受點罪，收養遺棄小兒沒有傳宗接代的義務，而是希望自己也能夠養兒防老。

　　其三，乞丐在宋朝已經有乞丐組織和集體規範，有所「丐首」、「團頭」等領導者，而這些領導者擁有較多的資源，也可能爲了延續組織而收養遺棄小兒。

　　通過宋朝每年冬賑的人數增長，可知宋朝乞丐的有一定的人數，官方能

〔註 58〕〔宋〕江修復，《江隣幾雜志》，卷上，頁 4。

〔註 59〕〔宋〕釋文瑩，《玉壺清話》，卷 7，頁 1。

〔註 60〕〔宋〕郭彖，《睽車志》，卷 4，頁 6

〔註 61〕楊宇勛，〈宋代的乞丐〉，《興大人文學報》：臺中，國立中興大學文學院，2003：6，下冊，頁 753～807。

力有限，乞丐收養小乞丐雖未通過官方正式的收養程序，實質的收養也是特殊收養的一種。

二、收養為女使、人力

宋朝大戶人家需要勞動力，滿足家中相關的生活所需，此收養為家中勞動力使喚的情況是有的，而也有從居養院、慈幼局等地方收養勞動力的情況。例如黃震曾經對於慈幼局提出相關的救濟辦法：

> 今仰店鋪人有欲收為使喚，或買賣有欲收為過賣，及恐有宗族親舊自欲收錄，或民間欲收養為子，並仰經坊長求四鄰保明申上，本司當並此兒一年合支錢米作一項給付收錄之家，使之早有歸著。各自習學道業，求長久活路。〔註62〕

要求地方店鋪將慈幼局的人收養為使喚，或有商人將其收養為過買，都是透過職業上的勞動力需求，希望能夠遺棄小兒長立之後能有一技之長，或者有處謀生。這一點解決慈幼局救助機構兒童長大後的生計問題，也表明兒童收養到南宋有更全面的規劃。〔註63〕

收養女性為勞動力的情況也有，例如江南有一縣令鐘離君與臨縣令許君結姻，鐘離女將出適，買一婢以從嫁。看到地上有窀窆，突然哭了起來，鐘離問為何而哭，婢女答說：父親乃是兩政前縣令也，身死家破，遂落民間，更賣為婢，鐘離君雖呼牙儈問之。復咨於老吏，具得其實。〔註64〕這也是被收買為勞動力，隨養於其家。又或者如：

> 新淦人王生，在野外遇到一美女，說其為城中程虔婆家女，小名喜真，被媽媽嚴切，每日定要錢五千，如不及數，定遭筆打，喫受不過，不免將身逃竄，未有歸處，幸遇郎君，不知可能收留歸宅，供婢妾使喚。〔註65〕

雖程喜真不是人，而是妖物，但是其所說為程虔婆家女，可見其被略賣為程虔婆家中使喚或者從事風月活動，每日必須給錢五千，否則會遭到毒打，希望能夠被王生收留在家中，供作婢妾使喚。可見其女性勞動力中，也可能包

〔註62〕〔宋〕黃震，《黃氏日鈔》，卷79，〈曉諭遺棄榜〉，頁10。
〔註63〕譚有坤、盧清，〈施善與教化：中國古代慈幼恤孤史述論〉，《歷史與比較》，2006：12。
〔註64〕〔宋〕李元綱，《厚德錄》，卷1，頁10。
〔註65〕〔宋〕洪邁，《夷堅三志己》，卷26，頁6。

含了成爲雇者的妾。

在紹興三十一年知臨安府趙子瀟中也曾記載：

> 近來品官之家典雇女使，避免立定年限，將來父母取認，多是文
> 約內妄作妳婆或養娘房下養女，其實爲主家作奴婢役使，終身爲
> 妾，永無出期，情實可憫。望有司立法。戶部看詳，欲將品官之
> 家典雇女使妄作養女立契，如有違犯，其雇主并引領牙保人，並
> 依律不應爲從杖八十科罪，錢不追，人還主，仍許被雇之家陳首。
> 從之。〔註66〕

依其記載，說明官員在簽訂契約時，避免立定年限，約滿時，父母來取認，
偽造約定文書，說簽約時其約中明定爲奶娘或者養娘的養女，實際上是爲能
夠將奴婢繼續役使，趙子瀟希望戶部下達命令，避免官員假兒童收養，實則
爲獲取終身傭僕，並規定罰則，依《宋刑統》中的「不應爲」爲杖60，從重
者杖八十。〔註67〕從本條中也可知，即便是官員，也鑽法律漏洞，利用收養
養女的法律行爲，使女婢爲終身侍奉。宋朝的社會現實面中，典雇成年者付
出代價較高，收養爲女使在成本上所費較低。可見以收養爲名，實則變爲終
身之女婢，是應變宋朝以契約制代替奴婢附屬制的方法之一。就兒童的角
度，被家人變賣，使主家收養，雖在心理上有被家人遺棄之嫌，但實際上，
這個人往往可能是家中過的較好，或者唯一能在貧困當中活下來的人。

收養爲奴婢，主要因爲女使有許多的功能，能夠負擔大戶人家的家中雜
務。例如《宋稗類抄》記載：

> 京師中下之戶，不重生男，每育女，則愛護之如擎珠捧璧稍長則隨
> 其姿質，教以藝業，用備士大夫採擇娛侍，名目不一，有所謂身邊
> 人、本事人、供過人、鍼線人、堂前人、雜劇人、拆洗人、琴童、
> 棋童、廚娘等稱·就中廚娘最爲下色·然非極豪貴家不可用。〔註68〕

從上條中可知，這些女性被教以藝業，擔任包含身邊人（侍妾）、本事人（婢
女）、供過人（侍奉）、鍼線人（針線工作之人）、堂前人（在大廳前傳喚）之
人、雜劇人（以雜劇形式演出的藝人）、拆洗人（清潔屋內灑掃之人）、琴童
（侍琴的女童僕）、棋童（侍棋的女童僕）、廚娘（女廚師）等工作，可見上

〔註66〕〔清〕徐松，《宋會要輯稿》，刑法2／155，紹興三十一年八月十八日條。
〔註67〕〔宋〕竇儀，《宋刑統》，「養子立嫡」條疏議，頁194。
〔註68〕〔清〕李宗孔，《宋稗類抄》，卷7，「飲食」，頁176。

層社會對於奴僕的需求有一定的市場，在輔以上條所述，利用養女的法律行為，使父母不得於契約年限滿足後領回女兒。便可知其利用兒童收養以獲得終身勞動力。

　　職業收養因職業培養與投資報酬率之關係，培養職業所需能力需時，如若通過人身買賣的情況，一次性支付價金，買斷其人身自由，培養其能力之後，則日後具有相當高的回饋，顯見人口買賣與市場勞動力的消費需求，有極大的關係。而這些不同形式收養兒童的方式也決定著這些兒童的命運。

　　職業收養的討論情況在宋朝並不多見，有關於兒童收養的部分，在法律和慈幼措施之外，多半達到能夠收養，可是因為職業的延續和營生收養的討論不多，這一點與中國的養子制度主要是為了承繼宗祧而設立而非像日本為了繼承社會地位和其留下來的家業的延續有所差別，因此對於職業收養的討論文章是相對較少的。〔註69〕

　　事實上，職業收養應該在宋朝兒童收養中具有相當大的比例，加上宋朝已不具唐朝的身份限制，以契約取代終身服務部曲、奴婢等形式，故而職業兒童收養成為一種變通方式，通過收養兒童有效的獲取終身的勞動力和商品的永久使用權，宋朝的職業兒童收養，透露出整體社會身份限制改變後，對應培養能力與與投資報酬率之間，收養年幼的兒童，做最有效的投資，各朝皆有收養職業兒童訓練，培育成功後，透過表演，獲取利潤的情況。但在宋朝，由於整體社會風氣和身份之度的改變，因而職業兒童收養除有各朝培養技藝者以作為傳承的目的之外，更有面對社會轉變，而利用合法的法律收養制度獲取最大利益的目的。

〔註69〕楊磊，〈從古代養子制度看中日「家」觀念的差異〉，《求索》，2010：7。

結　論

　　宋朝收養法律設置可知宋朝收養法律的概況，北宋延續隋、唐、五代的收養法令，直到哲宗朝時出現綜合收養機構的地方設置法令。大體而言，宋初的法律是延續前朝的收養法律，未脫離收養法的規定，包含同宗收養和異姓收養，在法律上面都沒有脫離前朝的法律規定。在收養法最具代表的是同宗收養是不論年歲的，只要符合昭穆相當，經過「除籍附戶」的法律程序之後，就能夠成立雙方的擬制血親關係。

　　徽宗朝以哲宗朝收養法律、收養設施擴大，除下達三十幾條兒童收養的補充法令、並且針對災荒兒童養的法令。將綜合兒童、老人等不能自存之人收養機構居養院擴大到全國，修改法律條文較多一朝。因上行下效，奉行過當的比例太多，只好發佈遏阻的法令，以期能夠確實以現有的資源發揮最大的功用。

　　南宋在高、孝兩朝政府機能逐漸恢復之後，恢復北宋綜合收養機構福利措施，理宗朝終於出現兒童收養的專門機構，並以京師爲中心擴大到全國各地，也成爲全世界最初設置兒童收養專門的濫觴。宋朝的收養法令有著承上啓下的作用

　　第二章搭配宋朝的法律案例說明宋朝宗祧繼承的收養法律，包含抱養、立繼、命繼三種區別，在不同收養時間點會造成不一樣的法律效力。隔代收養延續血脈時，宋朝的政府呈現贊成和反對兩種意見，贊成派認爲戶絕之家得以繼絕，不絕人血脈是仁政；且以完成以養孫繼嗣的家族包含產業與蔭補官皆須追回，易生事端。可補充地方經費的戶絕產實際上未如想像中多。反對派則認爲必須符合己身有子且已娶媳才能成立收養養孫的法定要件；戶絕

產不論多寡，皆能補貼國家財政；而養孫也具有蔭補身份，會造成朝廷更多的冗官。但實際上，只要透過上奏表明，宋朝政府皆會同意隔代收養的情況。

收養之後收養家應負的責任，需對養子負起責任，通過法律程序認定之後，雙方成立擬制血親的關係，因此養家對養子有一定的義務。首先養家必須將養子撫育成人，並且為其覓得良人或者完成婚事。其次養家必須提供財產的應繼份額給予養子。而根據抱養、立繼、命繼等不同情況下承認的養子，養家提供不同應繼份額。男子可以得到固定的財產份額，女子可得嫁資，或於無法定財產繼承人時，獲得部分的財產份額。養子、養女都可能得到養家所給予的財產繼承權力。

而養子對於養家也有應盡的義務，不論是同姓收養或者異姓收養，養子都必須對養家負起承繼宗祧與孝養長輩的責任與義務。如果未能達成，則養家有權力透過法律途徑，證明養子未盡其義務，由官府勒令養子歸宗或者由官方先管控財產，待觀察養子之後確認其確實履行義務才歸還財產。也因為承繼宗祧是收養兒童首要的任務，因此如果失去承繼宗祧的能力，則養家也可以更換所收養的兒童。

宋朝是處於寒冷期與溫暖其交界的一朝，大小災荒就高達八百多次，政府面對如此頻繁的災荒時，第一，延續前朝設置綜合型收養機構，其中也針對兒童收養有明顯的分類，需要乳養的棄嬰，則雇用乳母養之，若自能飲食，則將兒童收養在居養院中，有固定的糧食配給，七歲以上為大人的糧食的一半，即一日 0.5 升米，也會定期提供衣物、棉被等生活用品。直到有人領養或者十五歲可自立更生，聽從其意願離開。同時針對領養者也有補助條款。第二，設置專門型的收養機構，而兒童收養的專責機構，分成三種模式運作，其一，分類遺棄兒童為需乳養與自能飲食者，聘請乳母及照顧者，但接收養於慈幼局內。其二，將需乳養者寄養於登記的乳嬭家中，自能飲食者收養於局中，每日固定飲食，配給衣物棉被等生活用品。其三，皆養於登記之乳嬭家中。

除設置機構負責兒童收養之外。於沒有收養機構所在的地方，地方官府也會措置督辦民間收養遺棄兒童的收養辦法，利用民間人力；物力、空間、資源協助地方政府處理兒童收養的問題，針對這些濟助方式皆有固定的收養流程，而這一類兒童收養，僅提供冬賑收養，冬賑結束後，便將這些兒童轉介到鄰近的收養機構收養，或者呼籲民眾直接收養為己子。上述關於兒童收

養的部分都是輔助收養，及在被遺棄之後才進行濟助。宋朝官方也設置了助養的措施，希望能夠減少遺棄兒童以及溺嬰殺嬰的情況。此外，宋朝的寺、觀在協助宋朝政府處理兒童收養不僅提供空間、人力資源、經費來源，甚至實際收養大量的遺棄兒童為童行，有效的幫助政府解決兒童收養的問題。顯而易見的，宋朝政府在兒童收養的處理，不僅在法律上有明確的規定，在預防、事後補救以及補助上都有其開風氣之先的歷史意義。

此外，宗教寺、觀在兒童收養發揮一定的作用，提供空間、人力資源、物力、財力。並且宋朝政府讓寺、觀收養遺棄小兒為童行，不僅大量的收養災荒中的遺棄小兒，這些遺棄小兒的童行成為寺觀的繼承人與寺內運作所需的人力資源。當然成為童行之後不一定會成為僧、道、尼、冠，需要通過考核或者在災荒中協助救災得到度牒，才能以僧、道、尼、冠的身份繼續生活。因此宋朝的寺、觀在兒童收養中也扮演了協助政府的角色。除此之外宋朝寺、觀中的人力也是支援救災活動中重要的人力資源之一。

特別的是，童行是一種過渡的身分，能成為僧尼、道冠的機會並不多，如同宋朝的宮女也可能是一種過渡身分，待到放出宮外之後，恢復為一般的平民。

最後一章針對宋朝內侍收養，由皇宮收養年幼兒童，經由淨身得到永久性工作，皇宮提供年幼宦官的生活所需，實際上由皇宮收養年幼宦官培養宮中所需勞動力，為宋朝兒童收養的一個面向。或透過內侍收養小宦官照顧自己老年生活或者收養一般年幼兒童承繼宗祧，此為朝廷對內侍的仁政，因側近皇權，所有內侍收養都必須由官方紀錄在案，而且所有的宦官只能收養一名養子，如果超過一名就會受到懲罰。

皇宮中宮女收養，也是分為皇宮收養小宮女提供皇宮內固定的勞動力以及服務皇帝、妃、嬪等人的能力。在各方面培養小宮女的能力，並且通過層層的升級，達到給予薪資。而皇宮中皇帝的嬪御也是自小就由皇宮收養，教導其規矩，培養其為皇帝生兒育女。

宋朝以職業為由，收養兒童培養其職業能力，讓被收養的兒童成為商品，為其賺入金錢，通過法律收養能夠補足宋朝以契約制取代終身擁有權的人身契約。收養女子為妓、收養男子為伎，通過培養專業的表演能力來獲取更多的利潤。而收養為奴婢也是以收養為名，實則讓其成為家中永久的勞動力。簡言之，這是職業培養與投資報酬率之間的關係。雖然和一般認定的兒童收

養有所出入，但這可能是廣大遺棄小兒的眞實去處。

　　宋朝兒童收養的確有時代獨特性，不僅完善承接前朝法律規章，針對自身政府和人民的需求開創兒童收養中兒童專門收養機構的濫觴。更在官督民辦的兒童收養上奠定完備的收養程序，明、清兩朝在宋朝兒童收養基礎上，救助更多遺棄兒童。宋朝兒童收養不論在制度上、開創性上面都有極大的貢獻。

徵引書目

一、史　料

（一）基礎史料

1. 〔唐〕房玄齡，《晉書》，臺北：鼎文，1980。
2. 〔唐〕長孫無忌，《唐律疏議》，臺北：臺灣商務印書館，1983。
3. 〔宋〕江少虞，《皇朝類苑》，臺北：文海出版社，1981。
4. 〔宋〕李元弼，《作邑自箴》，上海：上海書店，1984。
5. 〔宋〕李燾，《續資治通鑑長編》，北京：中華書局，2004。
6. 〔宋〕李心傳，《建炎以來繫年要錄》，北京：中華書局，1985。
7. 〔宋〕李心傳，《建炎以來朝野雜記》，臺北：新興出版社，1988。
8. 〔宋〕李攸，《宋朝事實》，北京：中華，1985。
9. 〔宋〕杜大珪，《名臣碑傳琬琰集》，北京：北京圖書館，2006。
10. 〔宋〕呂祖謙，《皇朝文鑑》，上海：上海書店，1989。
11. 〔元〕脫脫，《宋史》，上海：上海古籍出版社，1986。
12. 〔宋〕董煟，《救荒活民書》，北京：中華書局，1985。
13. 〔宋〕趙升，《朝野類要》，北京：中華書局，2007。
14. 〔宋〕趙汝愚，《國朝名臣奏議》，臺北：臺灣商務印書館，1983～1986。
15. 〔宋〕謝深甫，《慶元條法事類》，上海：上海古籍出版社，1995。
16. 〔宋〕竇儀，《宋刑統》，北京：中華書局，1984。
17. 〔明〕黃淮、楊士奇，《歷代名臣奏議》，臺北：學生書局，1985。
18. 〔明〕解縉，《永樂大典》，濟南：齊魯書社，2001。

19. 〔清〕徐松,《宋會要輯稿》,上海:上海古籍出版社,1995。

20. 〔清〕陳夢雷,《古今圖書集成》,臺北:鼎文書局,1985。

21. 〔清〕陸心源,《宋史翼》,北京:北京圖書館,2006。

22. 中華書局,《宋大詔令集》,北京:中華書局,1962。

(二)文　集

1. 〔宋〕史浩,《鄮峰真隱漫錄》,文淵閣四庫全書,臺北:臺灣商務印書館,1983。

2. 〔宋〕朱熹,《晦庵先生朱文公文集》,北京:北京圖書館,2006。

3. 〔宋〕汪藻,《浮溪集》,上海:上海書店,1989。

4. 〔宋〕呂大鈞,《呂氏鄉約》,臺北:新文豐出版社,1989。

5. 〔宋〕何夢桂,《潛齋集》,文淵閣四庫全書,臺北:臺灣商務印書館,1983。

6. 〔宋〕李元綱,《厚德錄》,北京:中華書局,1985。

7. 〔宋〕李之儀,《姑溪居士全集》,北京書局:中華,1985。

8. 〔宋〕吳潛,《許國公奏議》,文淵閣四庫全書,臺北:臺灣商務印書館,1983。

9. 〔宋〕吳潛,《履齋遺稿》,文淵閣四庫全書,臺北:臺灣商務印書館,1983。

10. 〔宋〕吳自牧,《夢梁錄》,北京:中華書局,1985。

11. 〔宋〕范祖禹,《范太史集》,文淵閣四庫全書,臺北:臺灣商務印書館,1983。

12. 〔宋〕周紫芝,《太倉稊米集》,文淵閣四庫全書,臺北:臺灣商務印書館,1983。

13. 〔宋〕周密,《齊東野語》,北京:中華書局,1985。

14. 〔宋〕胡銓,《胡澹庵先生文集》,清道光胡文思重刊本,臺北:漢華文化事業公司,1970。

15. 〔宋〕洪咨夔,《平齋集》,文淵閣四庫全書,臺北:臺灣商務印書館,1983。

16. 〔宋〕洪邁,《夷堅志》,上海:上海古籍出版社,2002。

17. 〔宋〕洪邁,《容齋隨筆》,臺北:新文豐出版社,1997。

18. 〔宋〕徐元杰,《楳埜集》,文淵閣四庫全書,臺北:臺灣商務印書館,1983。

19. 〔宋〕真德秀,《西山文集》,文淵閣四庫全書,臺北:臺灣商務印書館,1983。

20. 〔宋〕袁燮,《絜齋集》,文淵閣四庫全書,臺北:臺灣商務印書館,1983。

21. 〔宋〕袁甫,《蒙齋集》,文淵閣四庫全書,臺北:臺灣商務印書館,1983。

22. 〔宋〕郭象,《睽車志》,北京:中華書局,1985。

23. 〔宋〕晁公遡,《嵩山集》,文淵閣四庫全書,臺北:臺灣商務印書館,
1983。

24. 〔宋〕陸游,《渭南文集》,上海:上海書店,1989。

25. 〔宋〕葉適,《水心文集》,上海:中華書局,1920～1934。

26. 〔宋〕陳傅良,《止齋先生文集》,上海:上海書局,1989。

27. 〔宋〕陳宓,《復齋先生龍圖陳公文集》,北京:線裝書局,2004。

28. 〔宋〕程珌,《洺水集》,文淵閣四庫全書,臺北:臺灣商務印書館,1983。

29. 〔宋〕畢仲游,《西臺集》,北京:中華書局,1985。

30. 〔宋〕曾鞏,《元豐類稿》,臺北:世界書局,1985。

31. 〔宋〕程顥、程頤,《二程集》,北京:中華書局,2004。

32. 〔宋〕鄒浩,《道鄉集》,文淵閣四庫全書,臺北:臺灣商務印書館,1983。

33. 〔宋〕黃震,《黃氏日抄》,文淵閣四庫全書,臺北:臺灣商務印書館,
1983。

34. 〔宋〕黃幹,《勉齋先生黃文肅公文集》,北京:人民出版社,2009。

35. 〔宋〕廉宣,《清尊集》,成都: 巴蜀書社出版 ,2000。

36. 〔宋〕楊萬里,《誠齋集》,文淵閣四庫全書,臺北:臺灣商務印書館,
1983。

37. 〔宋〕趙湘,《南陽集》,臺北:新文豐出版社,1985。

38. 〔宋〕鄭獬,《郎溪集》,文淵閣四庫全書,臺北:臺灣商務印書館,1983。

39. 〔宋〕歐陽修,《歐陽文忠公集》,上海:上海書店,1989。

40. 〔宋〕劉克莊,《後村先生大全集》,文淵閣四庫全書,臺北:臺灣商務印
書館,1983。

41. 〔宋〕劉跂,《學易集》,北京:書目文獻出版社,1987。

42. 〔宋〕劉宰,《漫塘集》,文淵閣四庫全書,臺北:臺灣商務印書館,1983。

43. 〔宋〕薛季宣,《浪語集》,上海:上海書店,1994。

44. 〔宋〕樓鑰,《攻媿集》,臺北:新文豐出版社,1984。

45. 〔宋〕謝逸,《溪堂集》,臺北:新文豐出版社,1989。

46. 〔宋〕蘇軾,《東波志林》,北京:中華書局,1981。

47. 〔宋〕魏了翁,《鶴山先生大全文集》,文淵閣四庫全書,臺北:臺灣商務
印書館,1983。

48. 〔宋〕慕容彥逢,《摛文堂集》,臺北:藝文印書館,1971。

49. 〔宋〕釋文瑩,《玉湖清話》,北京:中華書局,1991。

50. 〔宋〕釋惠洪,《石門文字禪》,臺北:文殊出版社,1990。

51. 〔宋〕釋元照,《芝園集》,合肥:黃山書社,2008。

52. 中國社會科學院歷史研究所宋遼金元研究室,《名公書判清明集》,北京:中華書局,1987。

53. 釋震華,《續比丘尼傳》,收入《中國宗教歷史文獻集成第一編》,合肥:黃山書社,2005。

(三)地方志、石刻史料

1. 〔宋〕周應合撰,王曉波校點,《景定建康志》,《宋元珍稀地方志叢刊 甲編》,成都,四川大學出版,2007。

2. 〔明〕王鏊修纂,《江蘇金石志》,臺北:藝文出版社,1966。

3. 〔明〕余文龍,(嘉靖)《贛州府志》,臺北:成文出版社,1989。

4. 〔明〕何喬遠,《閩書》,臺南:莊嚴文化事業公司,1996

5. 〔明〕陳善,(萬曆)《杭州府志》,臺北:成文出版社,1983

6. 〔明〕程敏政纂、歐陽旦增修,弘治《休寧志》,北京,書目文獻出版社,1993。

7. 〔明〕薛應旂,嘉靖《浙江通志》,臺北:成文出版社,1983。

8. 〔清〕于萬培,光緒《鳳楊縣治》,臺北:成文出版社,1983。

9. 〔清〕呂肅高,《長沙府志》,臺北:成文出版社,1976。

10. 〔清〕吳謂英,《續修浦城縣志》,臺北成文出版社,1967

11. 〔清〕沈均安,《贛縣志》,臺北:成文出版社,1980。

12. 〔清〕宗源瀚、周學濬,《湖州府志》,《中國方志叢書》,臺北:成文出版社,1960。

13. 〔清〕區作霖纂,《餘干縣志》,《中國方志叢書》,臺北:成文出版社,1975。

14. 〔清〕鄒柏森,《嚴州金石錄》,石刻史料新編第二輯,臺北:新文豐出版社,1979。

15. 〔清〕馮桂芬纂,《蘇州府志》,北京:北京圖書館,2008。

16. 〔清〕黃文琛纂,嘉慶《邵陽縣志》,臺北:成文出版社,1975。

17. 〔清〕韓志超,光緒《蟊現志》,臺北:成文出版社,1969。

18. 徐宗幹、劉玉坡、劉次白,《濟寧州金石志》,臺北:新文豐出版社,1986。

19. 羅振玉,《唐風樓碑錄》,臺北,新文豐出版社,1986。

二、今人論著

1. 王德毅,《宋代災荒的救濟政策》,臺北:臺灣商務印書館,1970。

2. 中國社會科學院歷史研究所天聖令整理課題組,《天一閣藏明鈔本天聖令

校證附唐令復原研究》，北京：中華書局，2006。

3. 四川大學古籍整理研究所、四川大學宋代文化研究資料中心編，《宋代文化研究》第二集，成都，四川大學出版社，1992。

4. 李淑媛，《爭財競產——唐宋的家產與法律》，臺北：五南，2005。

5. 宋代官箴研讀會編，《宋代的社會與法律——《名公書判清明集》討論》，臺北：東大圖書出版公司，2006年。

6. 柳立言，《宋元時代的法律思想與社會》，臺北：國立編譯館，2001。

7. 柳立言，《宋代的家庭和法律》，上海：上海古籍出版社，2008。

8. 梁其姿，《施善與教化——明清的慈善組織》，臺北：聯經出版事業公司，1997。

9. 郭文佳，《宋代社會保障研究》，北京：新華出版社，2005。

10. 黃敏枝，《宋代佛教社會經濟史論集》，臺北：台灣學生書局，1989。

11. 張文，《宋朝社會救濟研究》，重慶：西南師範大學出版社，2001。

12. 張文，《宋朝民間慈善活動研究》，重慶：西南師範大學出版社，2005。

13. 楊宇勛，《取民與養民——南宋的財政收支與官民互動》，臺北：國立台灣師範大學歷史研究所，2003。

14. 漢學研究中心主編，《中國家庭及其倫理》研討會論文集，臺北：漢學研究中心印行，1999。

15. 鄧小南主編，《唐宋女性與社會》，上海：上海辭書出版社，2003。

16. 熊秉真，《幼幼－傳統中國的襁褓之道》，臺北：聯經出版事業股份有限公司，1995。

17. 熊秉真，《童年憶往——中國孩子的故事》，臺北：麥田出版，2000。

18. 劉馨珺，《明鏡高懸——南宋縣衙獄訟》，北京：北京大學出版社，2007。

19. 劉俊文，《唐律疏議箋解》，北京：中華書局，1996。

20. 戴炎輝，《唐律各論》，臺北：成文出版社，1988。

21. 錢大群，《唐律疏義新注》，南京：南京師範大學出版社，2007年

22. 〔日〕滋賀秀三，《中國家族法原理》，北京：法律出版社，2003。

23. 〔日〕高喬芳郎《宋代中國の法制と社會》，東京：汲古書院，2002。

三、期刊論文

1. 王衛平，〈唐宋時期慈善事業概說〉，《史學月刊》，2000：3。

2. 王衛平，〈論中國傳統慈善事業的近代轉型〉，《江蘇社會科學》，2005：1

3. 王衛平、黃鴻山，〈中國古代傳統社會保障事業述論〉，《學習與探索》，2007：1。

4. 王愛蘭，〈略述兩宋對棄嬰貧兒的福利救助〉，《重慶科技學院學報》，2009：9。

5. 全漢昇，〈中古佛教寺院的慈善事業〉，《現代佛教學術叢刊》，第 9 冊，（臺北・大乘文化基金會），1980。

6. 杜棟，〈宋代戶絕財產繼承制度初探〉，《韶關學院學報》，2006：2。

7. 宋采義、豫嵩，〈宋代官辦的幼兒慈善事業〉，《史學月刊》，1988：5。

8. 屈超立，〈宋代兒童收養制度研究〉，《10～13 世紀中國文化的碰撞與融合》，上海：上海人民出版社，2006。

9. 姜密，〈中國古代非「戶絕」條件下的遺囑繼承制度〉，《歷史研究》，2002：2。

10. 姜維公、姜維東，〈唐代宮女生活述略〉，《唐宋史研究》，2010：3。

11. 梁庚堯，〈宋代伎藝人的社會地位〉，《宋代社會經濟史論集》，卷 1，臺北：允晨文化實業股份有限公司，1997。

12. 郭文佳，〈宋代的濟貧與助困〉，《江西社會科學》，2003.06。

13. 郭文佳，〈宋代官辦救助機構述論〉，《信陽師範學院學報》，2003：4。

14. 郭麗冰，〈宋代女兒的家產繼承權探討〉，《韓山師範學院學報》，2008：2。

15. 陸愛勇，〈宋代社會保障對象及其管理措施〉，《科技訊息》，2008：26。

16. 莊華峰、譚書龍，〈宋代江南地區慈善事業研究〉，《安徽史學》，2006：6。

17. 黃敏枝，〈宋代婦女的另一側面──關於宋代的比丘尼〉，《唐宋女性與社會》，上海：上海辭書出版社 2003，頁 567～655。

18. 黃啓昌、趙東明，〈從《名公書判清明集》看宋代的遺囑繼承〉，《湘潭大學學報》，2007：3。

19. 黃永昌，〈宋代的慈幼事業與社會〉，《華中師範大學研究生學報》，2008：12。

20. 楊宇勛，〈宋代的乞丐〉，《興大人文學報》：臺中，國立中興大學文學院，2003：6，下冊，頁 753～807。

21. 劉婷玉，〈論宋代官方的慈幼救助措施〉，《山東省農業管理幹部學院學報》，2007：2。

22. 劉曉，〈元代收養制度研究〉，《中國史研究》，2000：3。

23. 臧健，〈收養：一個不可忽略的人口與社會問題──宋元民間收養與習俗異同初探〉，《10～13 世紀中國文化的碰撞與融合》上海：上海人民出版社，2006。

24. 魏天安，〈宋代的戶絕繼承法〉，《中州學刊》，2005：3。

25. 譚鳳娥，〈宋代社會救濟事業述評〉，《樂山師範學院學報》，2003：7。

26. 〔日〕川村康，〈宋代における養子法──判語を主たる史料として〉（上、

下），《早稻田法學》，1988：64-1、1989：64-2。

四、學位論文

1. 沈宗憲，《國家祀典與左道妖異——宋代民間信仰與政治關係之研究》，臺北：國立台灣師範大學歷史研究所博士論文，2000。

2. 李靜茹，〈宋代婦女的人身買賣〉，臺北：國立清華大學歷史研究所碩士論文，2007。

3. 邱惠青，〈宋代貧困救濟問題研究〉，鄭州：鄭州大學史學研究所碩士論文，2005。

4. 柯弘彥，〈宋代廂軍的職務功能及其類型〉，臺北：私立東吳大學歷史學系碩士論文，2009。

5. 張迅瑾，〈宋代宮女研究〉，上海：上海師範大學碩士學位論文，2009。

附　表

附表一　宮人女職員職務、人數圖 [註1]

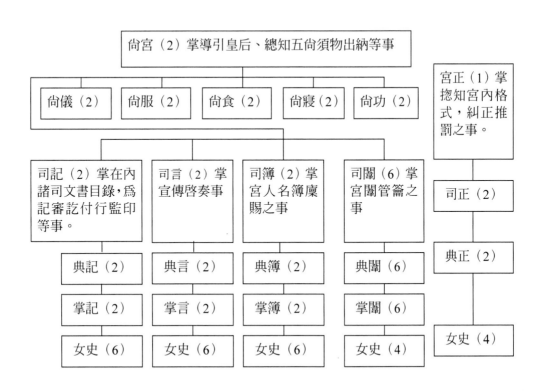

尚宮（2）掌導引皇后、總知五尚須物出納等事

尚儀（2）　尚服（2）　尚食（2）　尚寢（2）　尚功（2）

宮正（1）掌揔知宮內格式，糾正推罰之事。

司記（2）掌在內諸司文書目錄，為記審訖付行監印等事。

司言（2）掌宣傳啓奏事

司簿（2）掌宮人名簿廩賜之事

司闈（6）掌宮闈管籥之事

司正（2）

典記（2）　典言（2）　典簿（2）　典闈（6）　典正（2）

掌記（2）　掌言（2）　掌簿（2）　掌闈（6）

女史（6）　女史（6）　女史（6）　女史（4）　女史（4）

〔註1〕參考〔清〕徐松，《宋會要輯稿》，后妃4／2，〈宮人女官職員〉製圖。

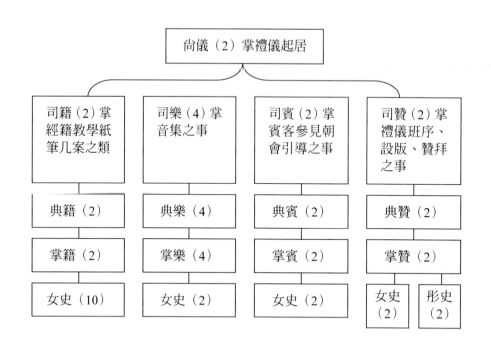

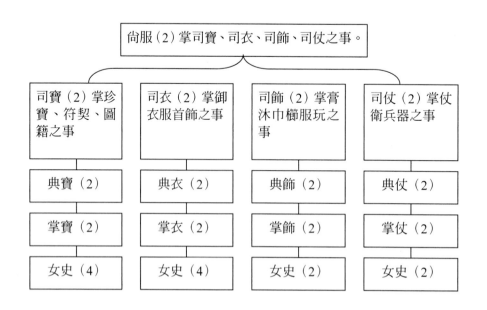

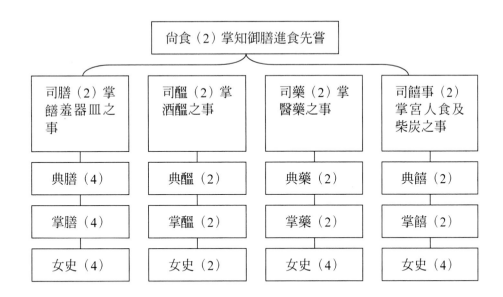

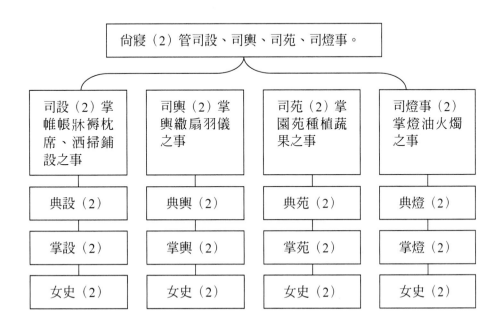

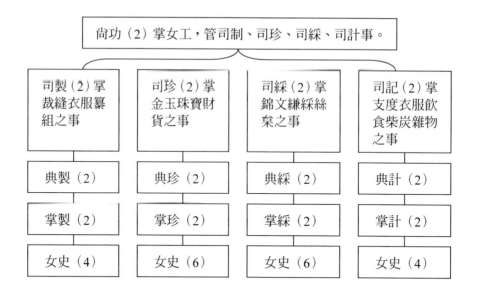

尚功（2）掌女工，管司制、司珍、司綵、司計事。

司製（2）掌裁縫衣服纂組之事	司珍（2）掌金玉珠寶財貨之事	司綵（2）掌錦文綀綵絲枲之事	司記（2）掌支度衣服飲食柴炭雜物之事
典製（2）	典珍（2）	典綵（2）	典計（2）
掌製（2）	掌珍（2）	掌綵（2）	掌計（2）
女史（4）	女史（6）	女史（6）	女史（4）

註 1.（ ）數字表示女官的人數。

附表二　宋朝收養相關法律表

（一）律　令

1.《宋刑統》，卷 1，2〈戶婚門，脫漏增減戶口疾老丁中小條〉

諸鰥寡孤獨、貧窮老疾，不能自存者，令近親收養。若無近親，付鄉里安恤。如在路有疾患不能自勝致者，當界官司收付村坊安養，仍加醫療，并勘問所由，具注貫屬、患損日移送前所。

2.《宋刑統》，卷 12，〈戶婚門，養子立嫡條〉

養子立嫡

諸養子，所養父母無子而捨去者，徒二年。若自生子及本生無子欲還者，聽之。即養異姓男者，徒一年，與者笞五十。其遺棄小兒年三歲以下，雖異姓，聽收養，即從其姓。

《疏》諸養子，所養父母無子而捨去者，徒二年。若自生子及本生無子欲還者，聽之。《議曰》依戶令，無子者聽養同宗於昭穆相當者。既蒙收養而輒捨去，徒二年。若所養父母自生子，及本生父母無子欲還本生者，並聽。

即兩家並皆無子，去住亦任其情。若養處自生子，及雖無子不願留養，欲遣還本生者，任其所養父母。

又云，即養異姓男者，徒一年，與者笞五十。其遺棄小兒年三歲以下，雖異姓，聽收養，即從其姓。《議曰》異姓之男，本非族類，違法收養，故徒一年。違法與者，得笞五十。養女者不坐。其小兒年三歲以下，本生父母遺棄，若不聽收養，即性命將絕，故雖異姓，仍聽收養，即從其姓。如是父母遺失，於後來識認，合還本生失兒之家，量酬乳哺之直。

諸養雜戶男爲子孫者，徒一年半，養女杖一百，官戶各加一等，與者亦如之。若養部曲及奴爲子孫者，杖一百，各還正之。無主及主自養者，聽從良。

《疏》諸養雜戶男爲子孫者，徒一年半，養女杖一百，官戶各加一等，與者亦如之。《議曰》雜戶者，前代犯罪沒官，散配諸司驅使，亦附州縣戶貫，賦役不同白丁。若有百姓養雜戶男爲子孫者，徒一年半，養女者杖一百。養官戶者各加一等。官戶亦是配隸沒官，唯屬諸司，州縣無貫，與者各與養者同罪，故云亦如之，雖會赦皆合改正。若當色自相養者，同百姓養子之法。雜戶養官戶，釋曰：雜戶見在第三，官戶見在第六。或官戶養雜戶，依戶令，雜戶、官戶皆當色爲婚，據此即是別色，准法不得相養，律既不制罪名，宜依不應爲之法，養男從重，養女從輕。若私家部曲、奴婢養雜戶、官戶男女者，依名例律，部曲、奴婢有犯，本條無正文者，各准良人，皆同百姓科罪。

又云，若養部曲及奴爲子孫者，杖一百，各還正之。注云，無主及主自養者，聽從良。《議曰》良人養部曲及奴爲子孫者，杖一百，各還正之，謂養雜戶以下，雖會赦皆正之，各從本色。注云無主，謂所養部曲及奴無本主者，及主自養，謂主養當家部曲及奴爲子孫，亦各杖一百，並聽從良。爲其經作子孫，不可充賤故也。若養客女及婢爲女者，從不應爲輕法，笞四十，仍准養子法聽從良。其有還壓爲賤者，並同放奴及部曲爲良，還壓爲賤之法。

3. 《天聖令》，卷27，獄官令

諸婦人犯死罪產子，無家人者，付近親收養；無近親，付四鄰。有欲養爲子者，雖異性，皆聽之。

4. 《宋大詔令集》，卷126。

凡老疾孤幼、若丐乞化於途。命官賑救。給以饘粥。官爲收養。

5.《慶元條法事類》,卷7,〈職制令‧監司巡歷〉

諸生子孫而殺或棄之罪賞條約,州縣鄉村粉壁曉示,每年舉行,監司巡歷常點檢。

6.《慶元條法事類》,卷75,〈獄官令‧刑獄雜事〉

諸大辟囚,本宗同居親年十歲以下無家人者,責付近親收養,無近親者,付鄰人,其不願養而有餘人欲以為子孫者,聽,異性者,皆從其姓。

（二）詔、上奏得從。

1.《宋會要輯稿》,職官36／2,開寶四年（971）四年七月條。

前詔內侍不計官品高低,逐人許養一子,以充繼嗣。近日訪聞多有論訟,爭競資財,宜令宣徽院曉示見在內侍:自今日已前已有養男者,不計人數,明具姓名、年幾,報宣徽院置籍收係。今後如年滿三十已無養父,欲收養義男者,本家具姓名、年幾,經宣徽院陳狀以聞,候得指揮,給與憑據收養。若衷私養者,許人糾告處死,告者賞錢百千,以犯事人家財充。如詔前已有義男多者,不許人數,分析久後資產,特許諸子均分。如帳籍無名,不在此限。

2.《續資治通鑑長編》,卷11,景祐元年（1034）閏六月辛巳條。

詔比因饑饉,民有雇鬻妻子及遺棄幼稚而為人收養者,並聽從便。

3.《宋史》,卷12,〈仁宗本紀〉皇祐二年（1050）,三月己酉條。

詔:兩浙流民聽人收養。

4.《宋會要輯稿》,食貨69／41,至和二年（1055）四月二十八日條。

詔:「訪聞饑民流移,有男女或遺棄道路,令開封府、京東、京西、淮東、京畿轉運司應有流民雇賣男女,許諸色人及臣寮之家收買。或遺棄道路者,亦聽收養。

5.《宋史》,卷178,食貨上六,熙寧二年（1069）。

京師雪寒,詔:「老幼貧疾無依丐者,聽於四福田院額外給錢收養,至春稍暖則止。」

6.《宋會要輯稿》職官37／9,熙寧三年（1070）,十二月八日條。

詔:「京城裏外雪寒,應老疾孤幼無依乞丐者,令開封府並分擘於四

福田院住泊，於額外收養。仍令推判四廂使臣依舊福田院條約看驗，每日依額內人給錢養活，無令失所。其錢於左藏庫見管福田院錢內支給，候春暖即申中書住支。」

7. 《續資治通鑑長編》，卷383，元祐元年七月二日條。

左司諫王巖叟言：「臣伏以天下之可哀者，莫如老而無子孫之託，故王者仁於其所求，而厚於其所施。此遺囑舊法，所以財產無多少之限，皆聽其與也；或同宗之戚，或異姓之親，為其能篤情義於孤老，所以財產無多少之限，皆聽其受也。因而有取，所不忍焉。然其後獻利之臣，不原此意，而立為限法，人情莫不傷之。不滿三百貫文，始容全給，不滿一千貫，給三百貫，一千貫以上，給三分之一而已。國家以四海之大、九州之富，顧豈取乎此？徒立法者累朝廷之仁爾。伏望聖慈特令復嘉祐遺囑法，以慰天下孤老者之心，以勸天下養孤老者之意，而厚民風焉。如蒙開納，乞先次施行。」從之。

8. 《宋會要輯稿》，瑞異2／17，元祐八年（1093）。十二月七日條。

大雪。詔收養內外乞丐老幼。

9. 《宋史》，卷18，〈哲宗本紀〉，紹聖三年（1096）十二月辛酉條。

遺棄饑貧小兒三歲以下，聽收養　為真子孫。

10. 《宋會要輯稿》食貨61／62，紹聖三年（1096）二月十日條。

提舉梓州路常平等事王雍言：「元豐令，孤幼財產，官為檢校，使親戚撫養之。季給所需。貲蓄不滿五百萬者，召人戶供質當舉錢，歲取息二分，為撫養費。元祐中，監察御史孫升論以為非便，罷之。竊詳元豐法意，謂歲月悠久，日用耗竭，比壯長所贏無幾，故使舉錢者入息，而資本之在官者自若無所傷。所以收卹孩稺，矜及隱微，蓋先王美政之遺意。請悉御元豐舊令。」從之。

11. 《宋會要輯稿》，食貨57／13，大觀二年（1108）八月十九日條。

工部言：「邢州奏，鉅鹿下埽大河水注鉅鹿縣，本縣官、私房屋等盡被浸浸。」詔：「見在人戶，依放稅七分法賑濟。如有孤遺及小兒，並送側近居養院收養。內有人戶盡被漂失屋宇或財物，仍許依七分法借貸，不管卻致失所。仍具賑濟、居養、存恤次第事狀聞奏。

12. 《宋會要輯稿》，食貨 59 / 8，大觀二年（1108），八月十九日條。

詔：「應今來被水漂溺身死人戶，並官為埋葬，每人支錢五貫文，買衣衾版木，擇高阜去處安葬，不得致有遺骸。其見在人戶，即依放稅七分法賑濟施行。如有孤遺及小兒，並送側近居養院收養，候有人認識，及長立十五歲，聽從便。內有人戶盡被漂失屋宇或財物，仍許依七分法借貸，不管卻致失所。仍具埋葬、賑濟、居養、存恤次第事狀聞奏。」

13. 《宋會要輯稿》，食貨 59 / 8，大觀三年（1109），六月二十八日條。

詔：「冀州宗齊鎮被水身死人戶，並官為埋葬葬：原作「藏」，據本書食貨六八之一一六改。人支錢五千，擇高阜安葬，不得致有遺骸。其見在人戶，卻依放稅七分法賑濟，孤遺及小兒，並送側近居養院收養，候有人識認，及長立十五歲，聽逐便。內人戶盡被漂失屋宇或財物，仍許依七分法借貸。仍具已埋葬、賑濟、居養、存恤次第以聞。仍仰本路提刑司各那官前去點檢賑恤，務要均濟。」

14. 《宋會要輯稿》，食貨 68 / 133、60 / 6、補編，大觀四年（1110）八月二十五日條。

詔：「鰥寡孤獨，古之窮民，生者養之，病者藥之，死者葬之，惠亦厚矣。比年有司觀望，殊失本指，至或置蚊帳，給酒肉食，祭醮加贈典。日用既廣，糜費無藝，少且壯者，遊惰無圖，廩食自若，官弗之察，弊孰甚焉！應州縣以前所置居養院、安濟坊、漏澤園許存留外，仰並遵守元符令，餘更不施行。開封府創置坊院悉罷，見在人併歸四福田院，依舊法施行。遇歲歉、大寒，州縣申監司，在京申開封府，并聞奏聽旨。內遺棄小兒委實須乳者，所在保明，聽依崇寧元年法雇乳。」

15. 《宋史》，卷 62，志 15，五行一下，政和七年（1117）七年十二月條。

大雪。詔收養內外乞丐老幼。

16. 《宋會要輯稿》，食貨 60 / 7、62 / 136、補編，《宋史》卷食貨志上六。宣和二年（1120）六月十九日條。

詔：「居養、安濟、漏澤之法。本以施惠困窮。有司不明先帝之法，奉行失當，如給衣被器用，專顧乳母及女使之類，皆資給過厚。常

平所入，殆不能支。天下窮民飽食暖衣，猶有餘峙，而使軍旅之士
稟食不繼，或至逋逃四方，非所以爲政之道。可參考元豐惠養乞丐
舊法，裁立中制。應居養人，日給秔米或粟米一升、錢十文省給。
十一月至正月，加柴炭錢五文省。小兒並減半。安濟坊錢米，依居
養法，醫藥如舊制。漏澤園除葬埋依見行條法外，餘三處應資給若
齋醮等事悉罷，吏人、公人員額及請給酬賞，並令戶部右曹裁定以
聞。」

17. 《建炎以來繫年要錄》，卷47，紹興元年（1131）九月辛亥條。

　　元符末上書人子孫應遇兵道，棄小兒十五歲以下者，聽諸色人收養，
　　即從其姓。

18. 《宋會要輯稿補編》孤老，紹興二年（1132）十一月二十七日條。

　　南郊赦：「在法，諸州縣每歲收養乞丐，自十一月一日爲始，至次
　　年三月終止。訪聞近來州縣往往將強壯有行業住家之人，公然違法
　　計囑所屬官司幷團頭貌驗養濟，冒濫支給錢米。其委實老疾、孤幼、
　　貧乏乞丐之人，正當存恤，緣無屬託，漏落姓名，以至不霑實惠，
　　深可憐憫。仰諸州縣今後須管照應條令，從實盡行根括，不得仍前
　　冒濫支請，縱容合干人作弊。令主管常平官常切覺察。其臨安府仁
　　和、錢塘縣養濟院，每歲收養流寓乞丐，亦仰依此施行。不得徒爲
　　文具，致失朝廷存恤之意。如有違戾去處，仰提舉常平司覺察按治
　　施行。」

19. 《宋會要輯稿》，食貨68／122，紹興四年（1134）九月十五日條。

　　明堂赦：「應遭金人及賊寇虜遺棄下幼小，但十五歲以下聽行收養，
　　即從其姓。」六年十二月一日德音、七年九月二十二日明堂同此制。

20. 高宗紹興五年（1135），《宋會要輯稿》刑法2／147，紹興五年閏二
　　月九日條。

　　臣僚言，不收養子孫，二廣尤甚。詔其該載不盡路分，依兩浙等路
　　見行條法。

21. 《宋會要輯稿》，刑法2／147，紹興八年（1138）五月十六日條。

　　詔：「應州縣鄉村第五等、坊郭第七等以下人戶及無等貧乏之家，生
　　男女而不能養贍者，每人支錢四貫，于常平或免役寬剩錢內支給。

官吏違慢，以違制論。仍委守令勸諭本處土豪、父老及名德僧行常切曉喻禍福，或加賙給。如奉行如法，存活數多，許本路監司保明，並與推賞。」

22.《宋史》，卷30，〈高宗本紀〉，紹興十四年（1144）十二月己卯條。
命諸郡收養老疾貧乏之民，復置漏澤園，葬死而無歸者。

22.《宋會要輯稿》59／41，乾道元年（1165）三月三日條。
尚書司勳員外郎、浙東檢察賑濟唐閎言：「民間頗有遺棄小兒，足食之家願得收養，正緣于法，遺棄小兒止許收養三歲以下。緣此三歲以上者人皆不敢。乞朝廷指揮，權于今年許令自十歲以下聽人家收養，將來不許識認。」從之。

23.《宋會要輯稿》，59／47，乾道七年（1171）二月十四日條。
冊皇太子赦：「災傷州軍，竊慮或有遺棄小兒，有人收養者，官爲置籍抄上，日給常平米二升。」

24.《宋會要輯稿》，58／14，淳熙二年（1175）九月十七日條。
詔：「淮南東路間有旱傷處，已降指揮委本路漕臣同提舉常平官取撥常平、義倉米措置賑糶，及流移人戶依條賑給。尚慮民戶以州縣不即檢放應輸官物爲疑，致有賤賣牛、棄業、棄小兒。二十口以上，官爲支給犒賞。如上戶、士大夫家能收養五十口，具名以聞，乞行旌賞；州縣官措置支給錢米收養百口至二三百口者，具名以聞。」至是，段子雍應格，故有是命。

25.《宋會要輯稿》，食貨58／15，淳熙九年（1182）十月十二日條。
新知婺州錢佃言：「臣前知隆興府，於城外置養濟院一所，收養貧病無依之人。先是，漕臣芮輝以俸錢千緡合藥以濟病者，趙汝愚以奉錢千四百緡買田以給病者食，臣又益以千緡增置長定一莊，仍創造屋一區，差人看守，輪遣醫工診視，日給口食藥餌，委官提督。首尾九年，得就緒，恐後來官吏或不究心，便致廢壞。乞詔本路漕臣常切提督，所有錢物不許移用。」

26.《宋會要輯稿》，60／1，紹熙五年（1194）九月十四日條。
明堂赦文：「在法，諸州每歲收養乞丐。訪聞往往將強壯慵惰及有行業住家之人計囑所屬，冒濫支給，其委實老疾孤幼貧乏之人不霑實

惠。仰今後須管照應條令，從實根括，不得仍前縱容作弊。其臨安府仁和、錢塘縣養濟院，收養流寓乞丐，亦仰依此施行，不得徒爲文具。如有違戾去處，仰提舉常平司覺察，按治施行。內有軍人揀汰離軍之後，殘篤廢疾不能自存、在外乞丐之人，仰本軍隨營分措置收養，毋致失所。」自後，郊祀明堂赦亦如之。

27. 《宋會要輯稿》，食貨 58 / 21，慶元元年（1195）正月十九日條。

詔兩淛、淮、江東路提舉司行下所部荒歉去處，逐州逐縣各選委清彊官一員，遇有遺棄小兒，支給常平錢米措置存養。內有未能食者，雇人乳哺，其乳母每月量給錢米養贍。如願許收養爲子者，並許爲親子條法施行，務要實惠，毋致滅裂。如有違戾，仰監司覺察按劾以聞。

28. 《宋會要輯稿》，食貨 58 / 22，慶元元年（1195）六月七日條。

權兩淛運副沈詵言：「竊見兩淛州縣亦多饑疫，自近及遠，德意不可不均一。浙西如湖、秀、常、潤，淛東如慶元、紹興，自今疾疫頗盛，其他州縣亦多有之。窮下之民，率無粥藥，坐以待斃。乞從朝廷給降度牒五百道，下本司或提舉司變轉，隨州縣饑疫輕重撥下，逐州委官分任其事。事畢考驗驅磨，以全活人數多寡旌別聞奏，優與推賞。一、州縣合選委明脈醫官，各分坊巷、鄉保醫治。其合用藥材，於所委官從實支給。仍日支食錢五百文，其有全家疾患無人煎煮者，選募僧行管幹。每日亦支食錢三百文，並各置曆抄記全活人數，事畢保明旌賞。州縣濟糶行且結局，其不育蠶種麥者，仍舊糶食。老弱、孤獨、殘患流離道路，皆當矜恤，乞許令州縣別委官踏逐空閑屋宇、寺院收養。其間遺棄小兒，募人養之，官爲記號，月一呈驗，以給其費。

29. 《宋史》，卷 37，〈寧宗本紀〉，慶元元年（1195）春正月乙巳條

詔兩浙、淮南、江東路荒歉諸州收養遺棄小兒。

30. 《宋史》卷 38，〈寧宗本紀〉，開禧元年（1205）三月辛未條。

申嚴民間生子棄殺之禁，仍令有司月給錢米收養。

31. 《宋史》，卷 39，〈寧宗本紀〉，嘉定二年，（1209）七月乙未條。

詔荒歉州縣七歲以下男女聽異姓收養，著爲令。

32.《宋會要輯稿》，食貨 68 / 106，嘉定二年（1209）十二月十四日條。

臣僚言：「都城内外一向米價騰踴，錢幣不通，閭閻細民饘粥不給，爲日已久，今又值大雪，無從得食。贏露形體，行乞於市，凍餓號呼，僅存喘息，纍纍不絕。閉門絕食，枕籍而死，不可勝數。甚者路傍亦多倒斃，棄子於道，莫有顧者。乞將府城内外已抄箚見賑糶人户，特與改作賑濟半月。其街市乞丐，令臨安府支給錢、米，責付暖堂，日收房宿錢之類，官爲量行出備，毋復更於乞丐名下迫取。其貧民死亡無棺槨者，則從本箱申府，給棺（襯）〔槨〕錢埋葬。至於遺棄嬰孩，則月支錢、米，委付收生婦人權與收養，逐旋尋主申官。分付如此，則目前凍餓之民均被陛下仁心，感召和氣，而豐稔之祥，可以必致矣。」從之。

33.《宋會要輯稿》，食貨 68 / 110，嘉定十二年（1223）七月二十七日條。

「撫州寄居迪功郎、新袁州萬載縣主簿段子雍，以歲旱，收養遺棄童幼二百二口，後至食新，並責還父母親屬。可特循從政郎。」先是，江西運判芮輝言：「鄉村僻遠去處，遺棄小兒，令州縣告諭，保明根刷，具名申官支給錢、米撫養。如一鄉一都之内保正能收養遺棄，庶幾人霑實惠，愁歎不萌，可以易災沴而爲休祥。」從之。

34.《宋史》，卷 43，〈理宗本紀〉，淳祐九年（1249）九月癸亥條。

詔給官田五百畝，命臨安府創慈幼局，收養道路遺棄初生嬰兒，仍置藥局療貧民疾病。